Dieses Buch erschien erstmals 2014
bei Books on Demand GmbH, Norderstedt.
Die 2. und 3. Auflage erschien 2017 bei Arkana, München
in der Verlagsgruppe Random House GmbH.

5. Auflage Dezember 2024

Angaben entsprechend der GPSR:
Lovebase Media
ISBN 978-3-9820850-4-3
info@lovebase.com
© Yella Cremer Claus-Ferk-Str. 4, 22359 Hamburg

Lektorat: Felicitas Holdau
Satz: Olexiy Popenko
Umschlaggestaltung: Olexiy Popenko
auf Grundlage eines Entwurfs von Yella Cremer und
der Uno Werbeagetur, München
Illustrationen: Golam Faruque, www.gfaruque.com
ISBN 978-3-9820850-4-3

Druck: Libri Plureos GmbH, Friedensallee 273, 22763 Hamburg

Trag dich in die Mailingliste auf meiner Webseite www.lovebase.com ein und erhalte das G-Punkt Massage eBook geschenkt!

Für alle Männer,
die mutig Sex erforschen

● Inhalt

● Einleitung

Dieses Buch ist in erster Linie für neugierige Männer geschrieben! Für Männer, weil ich Männer liebe – und weil ich will, dass sie die besten Liebhaber der Welt werden.

Außerdem sehe ich, dass selbst Männer mit den besten Absichten durch den Mediendschungel völlig verunsichert werden bezüglich dessen, was Frauen wirklich gefällt und wie Frauen funktionieren. (Natürlich »funktionieren« nicht alle Frauen gleich – wir sind keine Maschinen! Und doch bin ich der Ansicht, dass es zwischen Männern und Frauen prinzipielle Unterschiede in Wahrnehmung und Verhalten gibt, die ich in diesem Buch berücksichtigen werde.) Jeden Monat gibt es in einer anderen Zeitschrift die »ultimativen Sextipps« zu lesen, und in Pornos braucht ein Mann nur auf der Bildfläche aufzutauchen und schon gerät die Frau in Ekstase (Pornos sind übrigens für 14- bis 25-jährige Männer laut einer Studie die Hauptquelle für Sexwissen). Männer, die solche Erkenntnisse in der Realität ausprobieren, finden sich mit überraschenden Hindernissen konfrontiert (sie will nicht, ihr macht es keinen Spaß ...). Also beginnen sie, nach besseren Anleitungen zu suchen.

Es gibt jedoch wenige befriedigende Handbücher zum Thema, und offensichtlich reicht ein kurzer Artikel in einer Zeitschrift oder im Internet nicht aus, um alle Fragen zu beantworten. Viele der angebotenen Handbücher sind nicht explizit genug und kürzen frustrierend ab, wenn es um Details geht. Andere bieten »todsichere Techniken« an und geben dir das Gefühl, ein Versager zu sein, wenn sie bei dir nicht funktionieren. Es gibt eine Reihe von Videos, die ich empfehle, allerdings sind die meisten auf Englisch, was für viele eine zusätzliche Hürde darstellt. Kurz gesagt: Ich hatte das Gefühl, dass ein Buch nützlich sein könnte.

Bei meiner Arbeit als Sexpertin habe ich immer wieder Männer erlebt, die ihre Frauen wirklich gern sexuell befriedigen wollten, dabei jedoch kläglich gescheitert sind und kurz vor dem Aufgeben standen: »Frauen

... Ich würde sie so gern verstehen!« Die Gründe dafür sind vielfältig, und ein großer Teil beruht auf fehlendem Wissen und Missverständnissen. Das ist genau der Grund, warum ich angefangen habe, Vorträge zu halten und Bücher zu schreiben.

Ein Grund für das fehlende Wissen und für die mangelnde Beschäftigung mit dem Thema ist, dass viele Menschen erwarten, Sexualität müsse »einfach funktionieren«, dass es angeboren sei zu wissen, wie Sex funktioniert, und dass man im richtigen Moment einfach intuitiv das Richtige tun würde.

Nichts ist weiter von der Realität entfernt! Obwohl ich nicht weiß, wie sich dieses Klischee in unsere Kultur eingeschlichen hat, werde ich mein Bestes tun, um damit aufzuräumen!

Auch ist der Trugschluss weit verbreitet, dass der (Sexual-)Partner stets zur gleichen Zeit Lust auf das Gleiche verspürt wie man selbst. Diese unzutreffende Annahme und die daraus resultierenden falschen Erwartungen führen zu viel Frust.

Unsere Kultur ist diesbezüglich sehr merkwürdig: Tatsächlich gibt es nur sehr wenige angeborene Instinkte, die heutzutage noch wirklich funktionieren. Hunger ist so ein Instinkt, aber wir können jeden Tag sehen, dass unser Appetit uns nicht unbedingt zu den Lebensmitteln leitet, die dauerhaft gesund für uns sind.

Der Wunsch nach Sex ist meiner Meinung nach ebenfalls ein Instinkt. Aber anzunehmen, dass wir deswegen automatisch wüssten, wie wir guten Sex bekommen, ist genauso unsinnig wie die Idee, jeder könne im Laufe des Erwachsenwerdens von allein ein 3-Sterne-Koch werden.

Um beim Vergleich mit dem Essen zu bleiben: Natürlich verbessern sich deine Kochkünste erheblich, wenn du dich mit Zeit und Begeisterung deinem Faible widmest. Mit diesem Buch hast du den ersten Schritt getan, ein 3-Sterne-Koch der Lust zu werden, und dazu will ich dir gratulieren!

Und nun zu den »Zutaten«: Auf den folgenden Seiten werde ich ausführlich jeden Aspekt rund um lustvollen, befriedigenden Sex erläutern und dabei besonders auf den G-Punkt eingehen. Ich beginne bei der Anatomie, und wenn du denkst, dass du schon alles weißt, irrst du dich ziemlich sicher

– oder wusstest du etwa, dass die Lage des G-Punktes höchstwahrscheinlich einen Einfluss darauf hat, ob eine Frau (sichtbar) ejakuliert oder nicht? Natürlich gibt es ein ausführliches Kapitel über die verschiedenen Techniken der Stimulation. Auch wie du den G-Punkt bei der Penetration und mit Sexspielzeugen stimulieren kannst, erfährst du hier.

Das sagenumwobene Phänomen der weiblichen Ejakulation wird in einem weiteren Kapitel erläutert, und es gibt viele nützliche Hinweise zur Lösung möglicher Probleme.

Dieses Buch ist natürlich auch für Frauen interessant, zumal ich es als Frau schreibe. »Für Männer« bedeutet, dass es für neugierige Männer geschrieben ist. Meiner Erfahrung nach brauchen Männer andere Informationen als Frauen. Sie denken oft, dass es nur die richtige Technik braucht, deswegen sage ich ihnen oft, wie wichtig der Kontakt ist: Deine Partnerin muss dich fühlen, dich als »bei ihr« erleben. Bei den Frauen ist es oft umgekehrt: Sie sind so auf den Partner fokussiert, dass sie ihre eigene Lust vergessen. Manchmal musst du als Frau diese Perspektive umdrehen, doch das gelingt dir sicher leicht! Und weil ich weiß, dass viele Frauen dieses Buch lesen, auch wenn es an Männer gerichtet ist, hat diese Neuausgabe ein spezielles Kapitel für Frauen bekommen (siehe Kapitel »Ein paar Worte von Frau zu Frau«). Herzlich willkommen!

Warum ein Buch über den G-Punkt?

Wenn ich Vorträge zum Thema Sex halte, ist in der »Frage und Antwort«-Sektion der G-Punkt immer wieder das Thema, nach dem Männer wie Frauen fragen. In vielen Artikeln und Magazinen wird er als der magische Punkt gehandelt, der Frauen die sexuelle Befriedigung bringt, die sonst scheinbar so schwer zu erreichen ist. Er wird wie ein »Schalter« dargestellt, und ist dieser erst einmal umgelegt, dann ist das sexuelle Glück einer Frau gesichert. Und so machen sich die Männer auf die Suche ...

Die Natur des G-Punkts ist jedoch nicht die eines Schalters (ebensowenig wie eine Frau »funktioniert«). Um noch einmal den Vergleich mit dem Essen zu bemühen: Gutes Essen besteht nicht nur aus hochwerti-

gen Zutaten, sondern auch aus deren gekonnter Zubereitung. Schokola-
densoße mit Spargel, Erdbeeren und saftigem Steak in einem Topf – das
schmeckt einfach nicht.

Es kommt auf die passende Reihenfolge und Kombination an und
natürlich auf die Zubereitungsart. Und häufig sind die einfachsten Re-
zepte die besten.

Der G-Punkt ist jenseits von Mythen und Popularität eine wunderbare Erfindung des weiblichen Körpers und für viel Spaß zu haben. Meiner
Erfahrung nach ist er zwar kein Schalter, aber wie ein Tor zur weiblichen
Lust. Viele Frauen sagen, dass sich für sie mit dem G-Punkt noch einmal
eine komplett neue Welt im Sex eröffnet habe.

Um die Erforschung des G-Punkts für beide Partner zu einem Genuss
zu machen, habe ich dieses Buch geschrieben. Du findest hier sowohl
die nötigen Grundlagen, um zu beginnen, als auch reichlich Material für
Genießer und Meister.

Noch etwas: Viele Frauen haben viel Spaß beim Sex, ohne jemals
ihren G-Punkt gefunden oder ihn speziell stimuliert zu haben! Der
G-Punkt ist kein »Muss«, sondern ein »nice to have«, also ein nettes
Extra. Der G-Punkt ist wahrscheinlich auch nicht das Erste, was du
mit einer Frau sexuell ausprobieren willst. Es geht auch nicht darum,
dass du noch einen Punkt auf deine Liste der Dinge setzt, die du unbedingt erfüllen musst, damit Frauen dich toll finden, sondern er ist
eine »Zugabe«. Wie so oft beim Sex hilft es wenig, wenn du dir Stress
machst. Besser ist es, wenn du die Sache gelassen angehst und Spaß
auf dem Weg hast.

Viele Frauen haben beim vaginalen Geschlechtsverkehr keinen Orgasmus und fragen sich, warum das so ist. Die klassischen Medien bezeichnen Geschlechtsverkehr als den »Hauptakt« nach dem Vorspiel,
und so denken Frauen, sie sollten dabei einen Orgasmus haben, und
fühlen sich verkehrt, wenn sie keinen haben. Sie sind jedoch nicht allein:
Dr. Elisabeth Lloyd, Biologieprofessorin an der Indiana University, USA,
hat 32 Studien über die Häufigkeit des weiblichen Orgasmus beim Sex
analysiert, die in einem Zeitraum von 74 Jahren entstanden sind (siehe
dieser Literaturhinweis). Ihre Ergebnisse besagen: Beim Sex ohne klito-

rale Stimulierung erreichte nur ein Viertel der befragten Frauen häufig oder sehr häufig einen Orgasmus!

Vaginale Stimulation allein reicht also häufig nicht aus. Wenn du den G-Punkt in dein Repertoire miteinbeziehst, ist die Chance, dass deine Partnerin beim vaginalen Geschlechtsverkehr einen Orgasmus hat, deutlich größer, weil mehr erotische Signale an das Gehirn gesendet werden – insbesondere, wenn du den G-Punkt zuerst stimulierst, denn dann schwillt ihr inneres Schwellgewebe an, und die Vagina wird empfindlicher, wie du später im Kapitel »Anatomie« erfahren wirst.

Warum aber der G-Punkt, wenn es doch so viele andere schöne Stellen am Frauenkörper gibt? Eine super Frage, zumal du als Mann ja nicht direkt etwas davon hast. Klare Antwort: Eine Frau, die guten Sex mit dir hatte, wird gerne für weitere Erlebnisse zu dir zurückkommen.

Guter Sex ist für Frauen leider immer noch eher selten (ein weites Feld, dem ich mich bei anderer Gelegenheit widmen werde). Eine Frau aber, die Spaß am Sex mit dir hat, wird mehr Sex wollen als eine Frau, für die euer Sex nicht viel besser als eine warme Dusche ist. Außerdem höre ich immer wieder, dass der Genuss einer Frau beim Sex das Erregendste ist, was ein Mann erleben kann – und ich glaube das. Es soll sogar Männer geben, die aus reiner Sensationslust eine Frau in Ekstase treiben, um ihr dann zuzusehen ... Ich nehme lieber an, dass das Zugucken Spaß macht und ein Funke überspringt. Nicht zuletzt: Klar gibt es viele andere interessante Stellen an einem Frauenkörper, aber warum eine auslassen, wenn du alle haben kannst?

Warum sollte eine Frau daran interessiert sein, ihren G-Punkt zu finden? Meiner Ansicht nach gibt es verschiedene Gründe dafür. Ich selbst weiß auf alle Fälle immer gern, wie mein Körper funktioniert. Und es macht Spaß, die Grenzen von Genuss und Ekstase zu erforschen – und das ist etwas, was sich nicht theoretisch erforschen lässt, sondern nur praktisch!

Eine Frau erzählte mir einmal, dass sie beinahe alle ihre Orgasmen durch Stimulierung der Klitoris bekam. Egal ob Oralsex, Reiben mit der Hand oder durch einen Vibrator, sie meinte: »Meine Klit muss immer im Spiel sein.« Dann erzählte sie mir davon, wie sie mit einem einführbaren Vibrator masturbierte und kam, ohne ihre Klitoris stimuliert zu haben.

»Ich habe keine Ahnung, ob es der Vibrator war, ein bestimmter Winkel oder was auch immer. Ich weiß nicht mehr, was an diesem einen Mal so anders war. Aber es war ein so intensives Gefühl! Ich möchte wissen, wie ich das wieder erleben kann.« Meine Vermutung: Sie hat unwissentlich den G-Punkt stimuliert!

Die Stimulation des G-Punktes spricht tatsächlich auf neurobiologischer Ebene andere Nerven an (dazu später mehr) als zum Beispiel die Stimulation der Klitoris, und so gesehen ist es kein Wunder, dass die Frau durch den G-Punkt Zugang zu einer ganz anderen Art von Spaß und Intensität bekommen hat.

Erfahrene Frauen schildern den G-Punkt-Orgasmus aber ganz unterschiedlich: Er sei »anders«, ein viel tieferes und intensiveres Gefühl im ganzen Körper, ein gewaltiger Ausbruch, der durch den ganzen Körper ströme. Manche sagen, er sei länger oder an einer anderen Stelle im Körper. Einige Frauen sagen, es sei der beste Orgasmus, andere finden ihn nur ein wenig merkwürdig.

G-Punkt-Orgasmen überhaupt zu kennen ist eine Bereicherung, egal ob sie deiner Partnerin dann gefallen oder nicht, denn so erweitert sie ihr erotisches Repertoire. Wie soll sie wissen, ob ihr etwas gefällt oder nicht, wenn sie es nicht kennt? Mehr über die verschiedenen Arten von Orgasmen und wie man die Chancen, ihr einen zu schenken, erhöht, erfährst du in diesem Buch.

An die Frau

Bewerte den G-Punkt-Orgasmus nicht als besser oder schlech- ter, sondern einfach als anders. Du musst andere Dinge dafür tun, und vielleicht machen sie dir mehr Spaß, vielleicht nicht. Betrachte ihn als eine Erfahrung und vor allem als Quelle von Lust und Spaß! Denk daran: Es geht allein um das Vergnügen! Lass dich nicht von Definitionen oder Medienberichten unter Druck setzen. Deine Erfahrung ist das Einzige, was zählt.

Und noch ein Wort der Ermutigung an die Frau: Der G-Punkt ist kein feuerspeiender Drache oder eine unzugängliche Bergspitze. Der Weg dahin besteht aus vielen kleinen Schritten, und jeden davon kannst du selbst gestalten. Ob du deinen G-Punkt allein erforschst oder mit einem Partner, ist einzig deine Entscheidung; beides hat seine Vor- und Nachteile. Falls du allein unterwegs bist, hast du zwar die volle Kontrolle, musst aber deine Aufmerksamkeit zweiteilen. Mit einem Partner hast du nicht die volle Kontrolle (aber natürlich die Möglichkeit, Rückmeldungen zu geben), kannst dich jedoch ganz hingeben. Und wer sagt, dass nicht beides geht? Richtig, ich nicht! Ich schlage vor: Probier doch einfach beides aus! So lernst du dich selbst besser kennen und hast auch gemeinsam mit deinem Partner Spaß.

Ein Wort zur Sprache

Ich rede in diesem Buch offensichtlich von Frauen, die einen G-Punkt haben (Männer haben auch einen, aber das ist ein anderes Thema), und benutze meistens die männliche Form, wenn ich von einem Partner rede. Das soll aber natürlich Frauen nicht davon abhalten, mit Frauen auszuprobieren, was ich hier vorschlage. Ganz im Gegenteil – forscht, was das Zeug hält!

Die Informationen gelten für jede Person, die beziehungsweise deren Partner einen G-Punkt hat, egal welchen Geschlechts oder welcher sexuellen Orientierung. Die deutsche Sprache ist aber so beschaffen, dass es einfacher ist, nur ein Geschlecht anzusprechen, wenn man diverse Wortungeheuer vermeiden will.

Dieses Buch ist neugierigen Männern gewidmet. Liebe Frauen, bitte entschuldigt, wenn ich euch daher nur ab und zu persönlich anspreche. Fühlt euch trotzdem gemeint!

Dieses Buch ist mit der Anrede »du« geschrieben, das macht es persönlicher bei einem so intimen Thema. Ich benutze hier bewusst auch ab und zu die Umgangssprache. Warum? Weil ich glaube, dass die meisten Menschen nicht nur sachlich kühle Worte wählen, wenn sie an Sex denken. Natürlich könnte ich auch ganz sachlich und wissenschaftlich schreiben, doch es würde das Buch meiner Meinung nach distanzierter machen, und ich selbst hätte das Gefühl, es ginge eher um einen wissenschaftlichen Bericht als um eine Spielanleitung. Schlimmstenfalls könnte dich ein solcher Schreibstil davon abhalten, die Informationen persönlich zu nehmen und auszuprobieren!

Ich rede öfter von »deiner Partnerin«, das heißt nicht, dass ihr beide eine langfristige Partnerschaft, Liebesgeschichte oder Beziehung haben müsst, um G-Punkt-Sex auszuprobieren. »Partnerin« heißt, dass ihr gerade jetzt gemeinsam eine Situation erlebt, in der es darum geht, dass beide – partnerschaftlich – dazu beitragen, dass es gut wird.

Ich habe lange überlegt, welche Wörter ich für die Genitalien verwende. Zuerst habe ich das Buch mit umgangssprachlichen Wörtern geschrieben und »Pussy«, »Muschi« und »Schwanz« gesagt. Doch beim Lesen, Korrigieren und Verbessern habe ich gemerkt, dass sich diese Wörter etwas zu anbiedernd anfühlten, und ich bin selbst beim Lesen darüber gestolpert – vielleicht auch, weil mir bewusst ist, dass jeder seine eigenen Lieblingswörter hat und diese sehr persönlich sind. Ich habe mich daher entschieden, die medizinischen Begriffe zu verwenden. Sie sind klar, eindeutig und für meinen Geschmack neutral.

Gleichzeitig möchte ich dich ermutigen, deine persönlichen Lieblingswörter zu finden. Wörter, zu denen du eine positive Assoziation hast und die du gerne und leicht aussprechen magst. Wie willst du sonst über die schönste Sache der Welt reden, wenn du keine schönen Namen dafür hast? Also, nimm dir ein paar Minuten Zeit und überlege, was deine Lieblingswörter sind.

Und noch etwas, warum ich denke, dass Worte wichtig sind: Präzision ist gefragt. Du willst ja schließlich den G-Punkt finden und nicht den Bauchnabel. Also brauchst du eine »Karte«, auf der du die verschiedenen Orte benennen kannst. Fehlen dir die Worte, wird deine Beschreibung vielleicht poetisch ansprechend (»einen Fingerbreit neben dem Hügel mit den zart sprießenden Härchen auf dem rosafarbenen Bett, mit Tröpfchen benetzt ...«), praktisch ist sie jedoch: unnütz.

Quellen und Verweise

Ich bin nicht die Erste (und vermutlich auch nicht die Letzte), die sich mit dem Thema G-Punkt beschäftigt. Ich zitiere viele Bücher und Studien, damit du weißt, dass ich mir nicht einfach alles ausgedacht habe.

Gerade wenn ein Thema umstritten ist, finde ich es wichtig, auch wissenschaftlich korrekt zu sein. Am Ende des Buches sind alle Bücher aufgelistet, die ich zitiert habe.

Wie du dieses Buch am besten liest

Wie kannst du von dem Buch am meisten profitieren? Ganz einfach: indem du alles liest. Betrachte dich als einen Forscher auf neuem Terrain, auch wenn du schon viel weißt. Lass dich darauf ein, dass alles neu sein könnte und dir womöglich ein wichtiges Detail entgeht, wenn du nicht aufmerksam bleibst. Lies alles mit Neugier, lass es auf dich wirken, und entscheide erst, ob es für dich passt oder nicht, nachdem du es ausprobiert hast. Gerade beim Sex ist vieles nicht so, wie du es dir theoretisch vorstellst.

Dieses Buch ist so aufgebaut, dass alle wichtigen Bereiche abgedeckt werden, und es ist meiner Meinung nach wesentlich, dass du wirklich in jedem Bereich fit bist. Wenn du *einen* Bereich außer Acht lässt, führt das dazu, dass alle Bereiche darunter leiden. (Eine Kette ist nur so stark wie ihr schwächstes Glied!)

Es geht nicht darum, ein Meister zu sein, sondern in allen Bereichen etwa gleich gut. Bist du technisch perfekt vorbereitet und erreichst dort die 100 Prozent, hast aber keine Ahnung von Anatomie, wird es trotzdem nichts mit dem guten G-Punkt-Sex.

Die folgende Grafik gibt dir einen Überblick über die verschiedenen Aspekte, die meiner Meinung nach zum Thema G-Punkt und zu grundsätzlich gutem Sex gehören.

Die vier Lernbereiche für guten Sex

Nimm dir also die Zeit, dieses Buch komplett zu lesen. Dann wirst du in jedem Bereich gut vorbereitet sein.

Und wenn du etwas ausprobierst, tu auch das im Geiste des Forschers. Deine Partnerin bekommt einen Lachanfall? Wunderbar! Vielleicht lösen sich so Spannungen, und ihr geht es richtig gut. Sie reagiert auf deine Massagetechnik mit Gähnen? Erstklassiges Feedback! Frag sie, ob sie entspannt ist oder gelangweilt. Bleib also in Kontakt mit deinem »Forschungsobjekt« und interpretiere ihre Reaktionen lieber nicht selbst, sondern frage möglichst immer nach!

Mit Forschergeist und ohne Leistungsdruck

Jede Technik, die du hier lernst, gibt es in unzähligen Variationen, zum Beispiel was Druck und Geschwindigkeit angeht. Als Forscher willst du selbstverständlich wissen, was sich jetzt und heute am besten für die Frau anfühlt. Falls du negatives Feedback bekommst: Resigniere nicht, sondern merke es dir, und probiere etwas Neues aus.

Erwarte nicht von dir, dass du perfekt bist. Das gibt es nicht, und jede Frau ist unterschiedlich. Falls eine Frau von dir erwarten sollte, dass du sie perfekt in Ekstase versetzt, kannst du ihr mit meiner Zustimmung sagen, dass sie mehr Verantwortung für ihren eigenen Spaß übernehmen muss.

Für Ekstase gibt es kein sicheres Rezept, und jede Frau, die guten Sex mit einem Mann erleben möchte, sollte ihm Hinweise geben, was ihr guttut und was weniger. Diese Hinweise können sehr subtil sein, und in der Regel wird sie kein Schild hochhalten, auf dem »weiter rechts« oder »etwas tiefer« steht. Stattdessen entwickelt sich ein verbaler und nonverbaler Dialog zwischen euch beiden, den aber niemand als »Anleitung« begreifen würde. Doch wenn du diesen Prozess in Zeitlupe betrachten und dabei alle Gedanken aussprechen würdest, wäre es genau das, was du sehen würdest.

Ein ganz wichtiger Punkt für Männer: Sex ist kein Leistungssport! Es geht nicht darum, das nächste Mal besser zu sein als beim letzten Mal, und es gibt keine Jury, die für Länge, Lautstärke oder Zahl der Orgasmen Punkte verteilt. Im Gegenteil: Alles richtig machen zu wollen ist einer der Hauptgründe, warum manche Menschen keinen Spaß beim Sex haben. Es erzeugt Druck, Spannungen und Erwartungen.

Wenn du etwas ganz Bestimmtes erwartest oder richtig machen willst, und etwas anderes als das, was du geplant hast, geschieht, bist du vielleicht enttäuscht oder hast das Gefühl, etwas falsch gemacht zu haben. Mein Tipp: erst gar nicht damit anfangen, es immer richtig machen zu wollen! Fehler sind genauso wertvoll, denn du kannst daraus lernen.

Lust auf mehr Tiefe und Sinnlichkeit?

Zusätzlich findest du in diesem Buch immer wieder einmal besondere Tipps: Yellas Tantra-Tipps.

Hier kannst du von meinem Wissen als Tantralehrerin profitieren. Tantra ist meiner Meinung nach eine wunderbare Bereicherung für den Sex und hat viele gute Ideen. Du kannst es jahrelang studieren, und trotzdem gibt es immer wieder neue Erkenntnisse und besondere Erlebnisse. Mit meinen Tipps hier bekommst du kleine Einblicke in die faszinierende Welt des Tantra.

Tantra heißt für manche Menschen »Räucherstäbchen und Esoterik«. Tantra ist jedoch eine spirituelle Haltung und spricht viel von Energien und anderen Dingen, an die du glauben kannst oder auch nicht. In diesem Buch ist das nicht so wichtig. Ich werde Ideen einbringen, die du anwenden kannst, ohne gleich an Götter mit Elefantenköpfen zu glauben (das verlangt übrigens auch niemand, wenn du dich näher mit Tantra beschäftigen willst).

Falls du dich auf etwas Neues und Ungewöhnliches einlassen möchtest, ist das genau das Richtige für dich.

● G-Punkt-Mythen

Ich beginne mit Mythen rund um den G-Punkt. Von einigen hast du sicher schon gehört, andere sind dir vielleicht neu, aber glaube mir: Ich bin ihnen allen in meiner Praxis schon begegnet, und die meisten sind echte Spaßkiller!

Im Laufe des Buches wirst du genügend Informationen bekommen, um auf solchen Unsinn nicht mehr zu hören.

Was wissen wir über den G-Punkt?

Das heutige Wissen über Frauen, Sex und Befriedigung haben wir uns in den letzten 70 Jahren durch umfangreiche Forschungen über die weibliche Anatomie und Sexualität angeeignet. Wir haben heutzutage einen viel detaillierteren Überblick über den weiblichen Körper, das Verlangen und die Befriedigung als noch vor 50 Jahren, und das ist gut so. Einen Überblick über die geschichtliche Entwicklung findest du im Kapitel »Geschichtliches«.

Trotz aller Forschung gibt es immer wieder verwirrende Meldungen, zum Beispiel, dass es den G-Punkt gar nicht gäbe.

Vieles in der medizinischen Forschung ist auf die Frage nach Fruchtbarkeit beziehungsweise Unfruchtbarkeit fixiert. Geht es aber um den G-Punkt und die weibliche Ejakulation, wäre noch viel mehr Forschung nötig.

Für unzählige Frauen existiert der G-Punkt auf jeden Fall. Und obwohl er sehr empfindsam ist, ist es ihm völlig egal, was die Kritiker über ihn sagen.

Legen wir also los ...

Was die Kritiker so sagen ...

»Es gibt ihn nicht«

Darum wird es auch im Kapitel »Anatomie« gehen. Der G-Punkt ist keine klar abgegrenzte Struktur im Körper, daher fällt es vielen Wissenschaftlern schwer, ihn anzuerkennen. Vielleicht ist es auch gar nicht so wichtig, wie er wissenschaftlich zu beschreiben ist (obwohl ich viel Mühe darauf verwendet habe, ihn so genau wie möglich anatomisch zu beschreiben), sondern es ist wichtig, was du und deine Partnerin damit anfangen können!

Tatsache ist, dass rund um den Globus viele Frauen G-Punkt-Stimulation, G-Punkt-Orgasmen und die weibliche Ejakulation genießen – ihnen ist es egal, ob die Wissenschaft den G-Punkt schon gefunden hat oder noch nicht. Sie alle beschreiben, wie anders sich die Stimulation des G-Punkts im Vergleich zur klitoralen oder vaginalen Stimulation anfühlt.

Die wissenschaftliche Diskussion verwirrt jedoch viele Menschen. Ich habe deswegen dieses Buch so ausführlich geschrieben und so viele Fakten und Studien wie möglich zusammengetragen. Aber auch die praktische Seite ist so umfassend wie möglich behandelt, denn was nützt schließlich theoretisches Wissen, wenn du nicht weißt, wie es sich umsetzen lässt?

»Wenn es ihn gäbe, wüssten die Gynäkologen doch darüber Bescheid!«

Nein, leider nicht! In der Universität wird alles über Fortpflanzung und Krankheiten gelehrt, nichts über Lust und Genuss. Es geht um Spermien und Eizellen, Fruchtbarkeit und was sich unternehmen lässt, wenn das erwünschte Kind ausbleibt, um Schwangerschaft und Verhütung. Der Aspekt von Lust und Genuss ist auch wissenschaftlich wenig untersucht.

Außerdem haben viele Ärzte und Ärztinnen keine eigenen Erfahrungen mit der Erforschung des G-Punkts.

»Manche Frauen haben einen G-Punkt, andere nicht«

Bullshit! Alle Frauen haben einen G-Punkt, er ist jedoch unterschiedlich ausgeprägt, und bei manchen Frauen ist er vielleicht noch nie stimuliert worden, sodass sie gar nicht wissen, dass sie ihn besitzen oder wo er liegt. Der G-Punkt wird erst bei hoher Erregung leicht auffindbar – auch das ist ein Grund, warum manche Frauen ihn noch nicht entdeckt haben: Sie haben ihn bei »Trockenübungen« gesucht.

»Der G-Punkt wird doch automatisch immer mit stimuliert, wenn er in der Vagina liegt«

Die Vermutung liegt zwar nahe, trifft aber nicht zu. Der G-Punkt liegt an der oberen Wand der Vagina, und der Penis (oder Vibrator) gleitet bei der normalen Penetration einfach daran vorbei, ohne ihn spezifisch zu stimulieren.

»Alle Frauen lieben G-Punkt-Stimulation, wenn man es nur richtig macht«

… und alle Frauen lieben Schokolade: Quatsch. In der Sexualität gibt es persönliche Präferenzen wie in allen anderen Bereichen des Lebens auch. Der G-Punkt bildet da keine Ausnahme. Er ist kein magischer »Schalter«, der automatisch alle Frauen zur Ekstase treibt. Manche schon, andere treibt er aus deiner Wohnung raus. Sei also aufmerksam bei deinen Erforschungen, und lass ihren G-Punkt im Dornröschenschlaf, wenn es ihr so lieber ist.

»Jede Frau weiß, wann ihr G-Punkt stimuliert wird und wann nicht«

Auch wieder Unsinn! Sexuelle Erregung besteht meistens aus einer Vielzahl von Sinneswahrnehmungen, und es kann sein, dass deine Partnerin schon lange G-Punkt-Stimulation liebt, ohne davon zu wissen. Vielleicht ist es eine bestimmte Stellung, die sie immer besonders heiß macht, oder das, was du mit deinen Fingern tust – und ihr beide wisst nicht, dass du schon lange an ihrem G-Punkt bist. Das ist ein super Anfang, und hier gibt es sicher noch einiges, was ihr dazulernen könnt …

»G-Punkt-Stimulation führt automatisch zur Ejakulation«

Nonsens. G-Punkt-Stimulation führt erst einmal zu einer ganzen Reihe von Gefühlen und Wahrnehmungen, sie führt eventuell zu einem G-Punkt-Orgasmus und vielleicht zu einer Ejakulation. Erst einmal ist G-Punkt-Stimulation aber nichts weiter als Stimulation. Sie führt auch nicht unbedingt zur Erregung, sie kann einfach eine Massage sein, die angenehm entspannt – auch wenn das eher selten ist. Aber falls deine Partnerin vielleicht schon ein paar Orgasmen hatte und du dann ihren G-Punkt stimulierst – natürlich nur, wenn es angenehm für sie ist –, kannst du ihr völlig neue Erfahrungen schenken.

Das Ejakulieren kann eine Frau üben; manche Frauen ejakulieren jedoch nach innen, und es wird nie sichtbar – mehr dazu im Kapitel »Ejakulation«.

»Bei richtiger Stimulation ejakuliert jede Frau«

Manche Frauen ejakulieren, ganz ohne es je gewollt zu haben, andere tun es trotz Übung und vieler Versuche nie. Es liegt nicht daran, ob sie entspannt oder erfahren genug sind. Ich erforsche im Kapitel »Ejakulation« die möglichen Gründe und Hintergründe. Außerdem sind das Letzte, was Sex braucht, Leistungsdruck und Ansprüche.

Lass also am besten von Anfang an die Idee los, dass etwas Bestimmtes passieren muss, wenn du es »richtig« machst. Hauptsache, es macht Spaß!

Nachdem ich dir hier einige Mythen rund um den G-Punkt vorgestellt habe, beginne ich nun sehr gründlich damit, sie aus den Angeln zu heben. Zuerst zur Anatomie.

● Anatomie: »da unten«

So, du denkst also, dass du Anatomie schon in der Schule hattest und über alles genau Bescheid weißt? Vielleicht hast du auch bereits ein wenig nachgelesen und dich informiert, weißt zielsicher, die Klitoris einer Frau zu finden, und hast bemerkt, dass es neben »behaart« und »unbehaart« weitere Unterschiede zwischen Vulvas gibt. Vielleicht brennst du jetzt aber auch schon vor Neugier.

Um dir wirklich umfassend alles, was es über den G-Punkt zu wissen gibt, erklären zu können, bin ich auch hier gründlich.

Viele Teile der Genitalien einer Frau sind in ihrem Körper verborgen und nicht so leicht sichtbar. Auch der G-Punkt ist bei den meisten Frauen erst einmal nicht zu sehen (das kann sich ändern, dazu später mehr). Die Genitalien lassen sich zu einem Teil ertasten oder mit Hilfsmitteln wie einem Spekulum sichtbar machen. Ein wichtiger anderer Teil lässt sich jedoch nur in Anatomiebüchern studieren.

Was den G-Punkt angeht – und auch den Rest des Lebens: Es hängt alles zusammen, und es kommt auch auf das Zusammenspiel an. Daher ist es gleichermaßen wichtig, die inneren und die äußeren, die sichtbaren und die weniger sichtbaren Teile zu kennen. Also legen wir los!

Das »Offensichtliche« – die Vulva

Zuerst das Offensichtliche – also das, was du mit bloßem Auge erkennen kannst. Auf anatomischen Zeichnungen sieht es zuerst einmal ganz übersichtlich aus.

Die Gesamtheit der äußeren Genitalien wird »Vulva« genannt. Der Begriff ist heute eher ungebräuchlich, ich finde ihn jedoch schön. Und da es wichtig ist, korrekte Begriffe zu verwenden, damit wir wissen, wovon wir reden, werde ich ihn in diesem Buch weiter verwenden.

»Vagina« statt »Vulva« wäre übrigens nicht korrekt, da dieser Begriff, wenn du es genau nimmst, für die Teile der inneren Genitalien steht. Nun zu den Details.

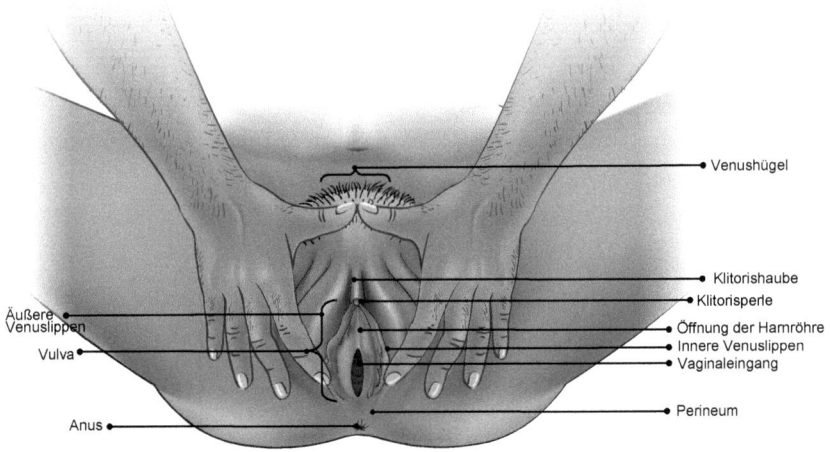

Die Vulva der Frau von vorn betrachtet

Die Klitoris

Die Klitorisperle (auch Klitoriseichel) ist das, was viele Leute unter Klitoris verstehen. Tatsächlich ist sie aber nur ein kleiner Teil der ganzen Klitoris; der größere Teil ist im Inneren der Frau verborgen, jedoch genauso wichtig! Sie enthält 6000 bis 8000 Nervenenden, und soweit wir wissen, ist ihr einziger Zweck, sexuelle Lust zu schenken. Die Perle ist der äußere Teil des Klitorisschafts, der bis zu zehn Zentimeter in den Körper hineinreicht. Dieser Schaft teilt sich in zwei Schenkel, die auf beiden Seiten hinter den Venuslippen abwärts verlaufen. Unter den inneren Venuslippen befinden sich die Vorhofschwellkörper.

Ist eine Frau erregt, schwellen die Schwellkörper der Klitorisperle und des Klitorisschafts an, die Haube zieht sich zurück, und sowohl die Perle als auch der Schaft werden fester. Später mehr dazu, was das bedeutet.

Die Venuslippen

Venuslippen statt Schamlippen: Ich verwende dieses Wort hier bewusst, da Schamlippen nahelegen, dass es etwas zum Sich-Schämen gäbe. Die äußeren oder großen Venuslippen (lat.: *Labia majora pudendi*) sind im natürlichen Zustand behaart. Die inneren oder kleinen Venuslippen (lat.: *Labia minora pudendi*) sind glatt, meistens haarlos und reich an Nervenenden, wodurch sie besonders stark auf Berührung und Stimulation reagieren. Ist eine Frau erregt, können ihre inneren Venuslippen anschwellen und auch ihre Farbe verändern.

Die Venuslippen können sich nach innen oder außen wölben, dünn und schmal, dick und breit oder beides gleichzeitig sein. Viele Frauen haben unsymmetrische Venuslippen, und jede einzelne ist einzigartig. Manche haben große äußere und dünne innere Venuslippen, andere wiederum haben dicke innere und kleine äußere Venuslippen – es gibt unzählige Kombinationen und Möglichkeiten. Ebenso ist die Farbe sehr unterschiedlich, und sie verändert sich sogar: wenn die Frau erregt ist oder auch durch Lebensereignisse wie zum Beispiel eine Geburt, den Monatszyklus oder das Alter.

In Pornos siehst du überwiegend einen Typ von Frau: sehr schmale innere und äußere Venuslippen, meistens in einem mehr oder weniger leuchtenden Rosa. Die Realität ist jedoch anders. Die wenigsten Frauen entsprechen diesem Typ, denn ähnlich wie die Haare auf dem Kopf gibt es Vulvas in vielen Farben und Formen. Und genauso wie es immer wieder neue Trends in der Haarmode gibt, gibt es die auch bei Vulvas.

Anders als bei Männern, die ihre Penisse eher nach Länge und Umfang vergleichen, gibt es so viel mehr Kriterien! Die Venuslippen sind eher lila oder eher rosa, die inneren Venuslippen sind vielleicht größer als die äußeren oder erscheinen gar als »zu lang«. Die Klitoris ist vielleicht ganz von einer Haube bedeckt oder besonders groß. Der Eingang der Vagina kann fleischig sein oder offen. Wenn eine Frau ein Kind bekommt, verändert sich die Form und Farbe oft nochmals stark. Auch unveränderliche Unterschiede wie der Abstand zwischen Klitoris und Vaginaleingang zeigen große Variationen bei verschiedenen Frauen.

Kurz und bündig: Frauen sehen – unten wie oben – sehr unterschiedlich aus, und auch für diese Körperteile macht die Schönheitsindustrie inzwischen reichlich Vorgaben, wie sie denn aussehen sollten. Es wird nach Lust und Laune geschnippelt, gebleicht und rosa übertätowiert. Mir tut allein schon bei dem Gedanken daran alles weh.

Ich meine, es ist genau umgekehrt: Vielfalt ist Reichtum! Es gibt gute Bücher, die sich nur diesem Thema widmen, zum Beispiel »Pussy Portraits« von Frannie Adams oder »Das Tor zum Leben« von Grit Scholz. Soweit ich weiß, gibt es keine offensichtliche Verbindung zwischen anderen Körpermerkmalen einer Frau und der Art, wie ihre Vulva aussieht. Viele Frauen nehmen sich selbst wenig Zeit, um sich dort unten einmal genau zu betrachten. Das liegt vielleicht auch daran, dass dies nicht ganz einfach ist. Frau braucht mindestens einen Spiegel. Du als Mann hast es da leichter.

Der Venushügel

Der Venushügel (lat.: *Mons pubis*) – auch hier verwende ich lieber den Begriff »Venushügel« als »Schamhügel« – ist ein mit Haaren bewachsenes Haut- und Fettgewebe, welches das Venusbein bedeckt und schützt. Das Venusbein besteht aus einem Knochen, der die dahinter liegenden inneren Genitalien schützt.

Dort, wo die inneren Venuslippen an der Oberseite zusammentreffen, befindet sich das Frenulum oder Bändchen. Knapp darüber liegt die Klitorisvorhaut, eine kleine Hautfalte, die die Klitorisperle schützt.

Der Eingang zur Vagina

Die Vaginalöffnung ist der Eingang zur Vagina (auch Vaginalkanal genannt).

Dicht über der Vaginalöffnung, jedoch unterhalb der Klitorisperle, befindet sich eine viel kleinere Öffnung: die Harnröhre.

Als Nächstes kommen wir zu den Teilen, die fühlbar oder mit etwas Aufwand sichtbar sind: zum Inneren der Vagina. Dorthin, wo auch der sagenumwobene G-Punkt liegt.

Innere Werte – verborgen in den Genitalien

Die Vagina selbst ist ein Schlauch aus sehr flexibler Haut, mit wenigen Muskelfasern, der kurz hinter dem Eingang von einigen Muskeln umgeben ist. Diese Muskeln können mit Beckenbodentraining – wie Kegel-Übungen oder Cantienica – trainiert werden. Am hinteren Ende des Vaginalkanals befindet sich der Gebärmutterhals. Ist eine Frau sexuell erregt, beginnen die Vaginalwände, Feuchtigkeit abzusondern. Von Frau zu Frau unterschiedlich, erweitern sich entweder die inneren zwei Drittel der Vagina oder der gesamte Kanal. Gebärmutterhals und Gebärmutter ziehen sich dabei nach hinten zurück.

Wichtig zu wissen: Auch wenn die Frau sehr erregt ist, wird ihre Vagina möglicherweise nicht feucht genug, wodurch die Penetration unangenehm sein kann.

Die Wände der Vagina können sich im Inneren sehr unterschiedlich anfühlen. Sie sind in der Regel leicht feucht, glatt und weich. Wenn du die Vagina mit deinem Finger erforschst und dabei an der oberen Seite entlanggleitest, fühlst du auch den harten Knochen des Venusbeins an der Seite zum Bauch hin. Kurz dahinter, nach etwa einer Fingerlänge, kommst du an eine Fläche, die sich anders anfühlt als der Rest. Häufig wird sie als rau oder riffelig beschrieben, vergleichbar mit der Oberfläche einer Walnuss (nur weicher natürlich). Diese Fläche ist meist ein wenig erhaben und hat eine rechte und linke Seite. Nach hinten hin läuft sie etwas schmaler zu und integriert sich wieder in die obere Wand der Vagina. Voilà – das ist der G-Punkt!

Du denkst jetzt vielleicht: »Punkt? Das ist doch eine etwas größere Fläche.« Und du hast recht. Eigentlich müsste es G-Fläche oder G-Zone heißen, aber wie so oft ist der Name nicht ganz zutreffend. Der Gewohnheit halber bleibe ich zwar in diesem Buch bei »G-Punkt«, doch du weißt jetzt Bescheid.

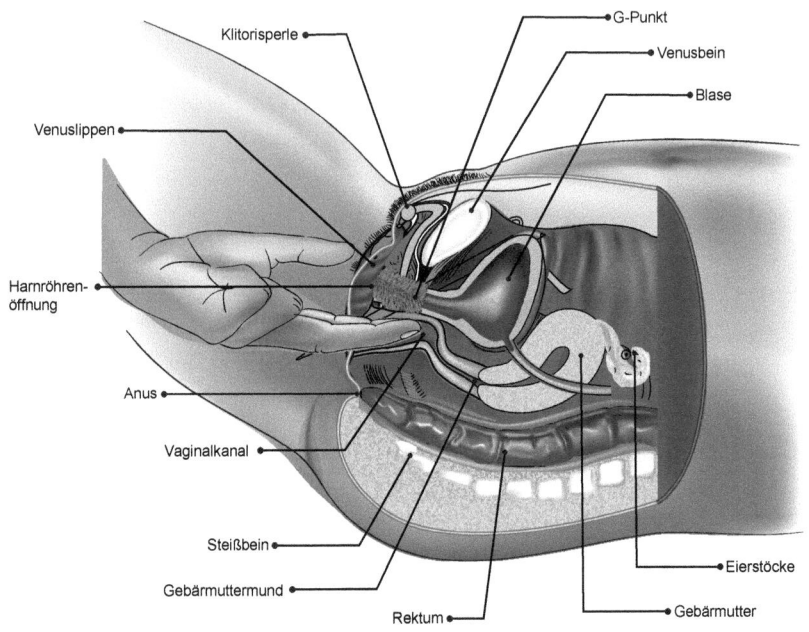

Querschnitt von der Seite mit zwei Fingern auf dem G-Punkt

Der G-Punkt ist also eine Fläche, und diese kann bei unterschiedlichen Frauen unterschiedlich groß sein und wird größer, wenn die Frau erregt ist – genauso wie bei Männern die Größe des Penis mit der Erektion zunimmt. Verantwortlich dafür sind die »Schwellkörper«, ein schwammartiges Gewebe, das sich bei Erregung mit Blut füllt (auch wenn einige Männer dort lieber einen Muskel hätten). Und siehe da, auch bei Frauen gibt es diese Schwellkörper, und wenn sie sich mit Blut füllen, vergrößert sich der G-Punkt (und anderes). Bei Frauen dauert es für gewöhnlich länger als bei Männern, bis sich die Schwellkörper mit Blut füllen, nämlich bis zu 30 Minuten. Mehr zu dem schwammartigen Gewebe unter »Harnröhre«.

Je nach Frau kann der G-Punkt etwas weiter in der Vagina oder etwas näher am Eingang liegen. Da er standardmäßig nicht mit Blut gefüllt ist, ist er oft nur sehr schwach erhaben. Im Gegensatz zu dem, was einige Sexratgeber dich glauben machen wollen, gerät eine Frau nicht gleich bei der ersten Berührung des G-Punkts in Ekstase. Im Gegenteil, die erste Berührung ist oft irritierend bis hin zu unangenehm. Die Frau hat vielleicht das Gefühl, pinkeln zu müssen (und das hat anatomische Gründe, mehr dazu bei der Beschreibung der Harnröhre). Da es in der Vagina keine Nerven wie zum Beispiel auf der Haut gibt, empfängt die Frau eher diffuse Signale über das, was du dort möglicherweise treibst, und ihr müsst wie im Nebel navigieren.

Viele Frauen sind es nicht gewohnt, so differenziert wahrzunehmen, was in ihrer Vagina vor sich geht. Sie kümmern sich meist nur dann um sie, wenn sie Sex haben (mit sich selbst oder einem Mann), wenn sie menstruieren oder sich waschen.

Der G-Punkt ist nicht das Ende der Vagina. Dahinter geht es noch etwa sechs Zentimeter weiter bis zum Muttermund, der den Eingang zur Gebärmutter bewacht. Der Muttermund ist meistens mit einem Schleimpropfen verschlossen und öffnet sich nur für die mögliche Befruchtung einer Eizelle während der fruchtbaren Tage und während der Menstruationsblutung. Die Öffnung ist sehr klein, nicht einmal ein kleiner Finger würde hindurchpassen. Wenn du dich mit den Fingern bis zum Muttermund vortastest, fühlt er sich oft wie eine reife Kirsche an: irgendwie knubbelig.

Bei mancher Frau ist der Vaginalkanal länger, und du gelangst nicht so ohne weiteres bis zum Muttermund. Wenn sie sich hinhockt, ist er meistens ein Stück weiter vorn.

Die Berührung des Muttermundes ist für viele Frauen nur angenehm, wenn sie sehr achtsam und sanft ist. Dagegen kann harte, tiefe Penetration schmerzhaft sein. Bei Erregung wird jedoch das Schmerzempfinden stark herabgesetzt, und Schmerz kann auch in Lustschmerz umgewandelt werden. Sei bitte trotzdem vorsichtig.

Die Klitoris – Teil 2

Auch hier beginne ich wieder mit einer Zeichnung. Vermutlich erkennst du zuerst einmal nichts wieder, und das ist genau der Punkt, warum ich die Anatomie so ausführlich beschreibe. Viele Menschen wissen nicht, dass die Klitoris viel größer ist als die kleine sichtbare Perle. All die dahinter liegenden Schwellkörper sind damit verbunden und gehören auch zur Klitoris.

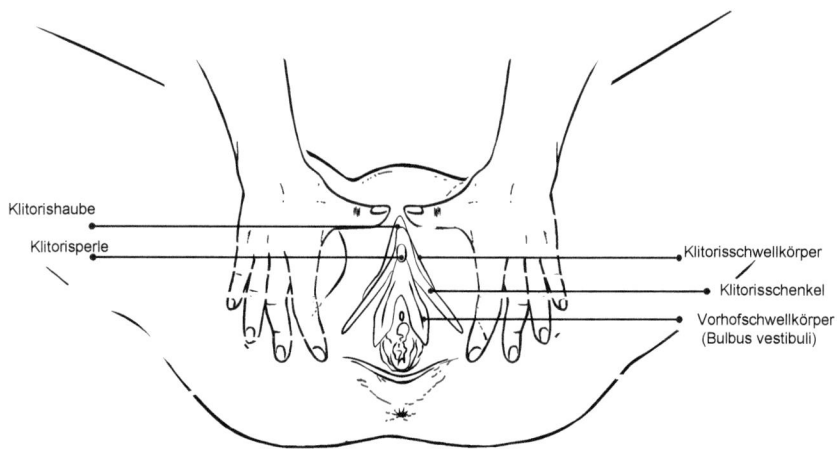

Die Schwellkörper der Klitoris (Innenansicht) im Ruhezustand

Auf der Zeichnung siehst du zwei große Schwellkörper, die unter den inneren Venuslippen liegen. Das zweite Paar »Flügel« der Schwellkörper liegt wie beim Mann um die Harnröhre herum und ist dadurch für die Stimulation schwerer zu erreichen als beim Mann. Diese Schwellkörper sind mit dem Drüsengewebe rund um die Harnröhre verbunden.

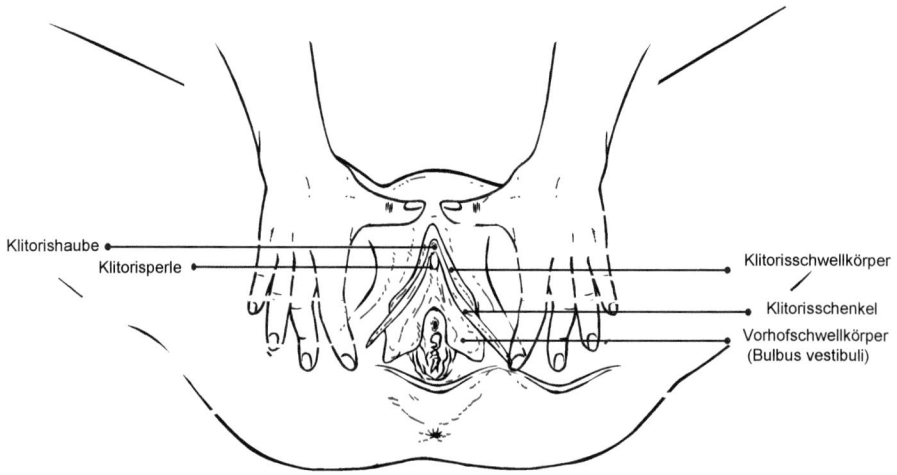

Die Schwellkörper der Klitoris (Innenansicht) bei Erregung.

Die Harnröhre

Knapp über der Vaginalöffnung befindet sich die Harnöffnung, also der äußere Teil der Harnröhre, durch die der Urin den Körper verlässt. Die Harnröhre reicht bis zur Blase und ist von einem schwammigen Drüsengewebe umgeben, das Harnröhrenschwamm genannt wird. Durch ihre Ähnlichkeit zur männlichen Prostata wird sie auch weibliche Prostata genannt.

Die männliche Prostata und die Samenbläschen produzieren den größten Anteil der Flüssigkeit, die bei der Ejakulation herausspritzt. Der eigentliche Samen macht dabei nur zwischen einem und fünf Prozent des Ejakulats aus. Dieser Samen wird bei der Ejakulation auf dem Weg nach draußen mit der Flüssigkeit der Prostata und der Samenbläschen vermischt. Die Natur hat sich dabei gedacht, dass mehr Flüssigkeit wohl eine bessere Chance hat, an die entscheidenden Stellen zur Befruchtung zu gelangen, und sie hat den Spermien deshalb ihr Trägermedium, in dem sie sich fortbewegen können, quasi gleich mitgegeben. Außerdem werden die Spermien so vor dem sauren Milieu der Vagina geschützt. Weiter enthalten die Trägerflüssigkeiten Stoffe, die die Befruchtung unterstützen.

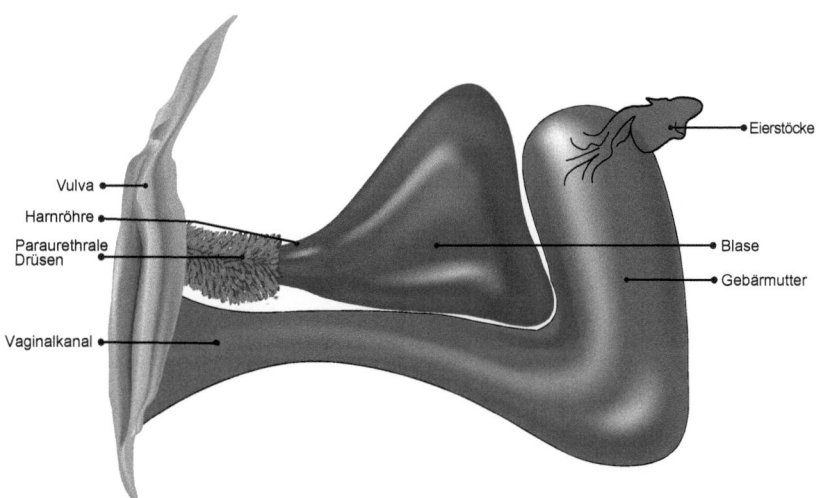

Das schwammartige Gewebe rund um die Harnröhre, das als G-Punkt durch die Vagina tastbar ist

Bei Frauen entsprechen die paraurethralen Drüsen der Prostata des Mannes. Sie liegen in einem schwammartigen Schwellgewebe rund um die Harnröhre der Frau. Diese etwa 30 Drüsen, von denen zwei als Skene-Drüsen bezeichnet werden, produzieren während der Erregung eine Flüssigkeit, die jener der männlichen Prostata sehr ähnlich ist. Diese Flüssigkeit kann durch die Paraurethralgänge in die Harnröhre abgegeben und durch die Harnöffnung freigesetzt werden. Das wird weibliche Ejakulation oder auch *Squirting* genannt. Darüber später mehr.

Ein Teil des Harnröhrenschwamms kann etwa zweieinhalb bis fünf Zentimeter vom Eingang entfernt durch die Vaginalwand hindurch gefühlt werden: der G-Punkt.

Ist eine Frau sexuell erregt, füllt sich der Schwellkörper des Harnröhrenschwamms mit Blut, schwillt an und tritt deutlicher hervor. Ist der Harnröhrenschwamm erigiert, ist er noch empfindlicher, und für viele (nicht alle!) Frauen ist eine Stimulation dieser Stelle durch die Vaginalwand hindurch besonders lustvoll.

Beachte bitte, dass die verschiedenen Strukturen der Klitoris – Schaft, Schenkel und Vorhofschwellkörper – mit dem Harnröhrenschwamm verbunden sind. Manche Experten bezeichnen ihn sogar als Teil der Klitoris. Eine Stimulation des Harnröhrenschwamms erregt also auch die Klitoris und umgekehrt.

Drüsen

Ein wichtiger Bestandteil der inneren Genitalien der Frau sind verschiedene Drüsen. Einige sorgen, wie die Speicheldrüsen im Mund, ständig für eine gewisse Feuchtigkeit der Schleimhäute und also auch dafür, dass die Frau im Erregungszustand »feucht« wird. Schleimhäute, die durch Menopause, Krankheit oder sehr ungesunde Ernährung, übermäßiges Waschen oder massiven Drogengebrauch austrocknen, schmerzen und reißen leicht ein.

Grundsätzlich ist die Vagina einer Frau etwas »sauer«, das heißt, der pH-Wert liegt unter dem Neutralpunkt von 7 bei zirka 4 bis 4,5. Das vermiest Bakterien und Pilzen den Aufenthalt dort und ist deswegen eine feine Sache (allerdings macht dieses saure Milieu auch den Spermien das Leben schwer, die sich eigentlich in einem basischen Umfeld wohler fühlen).

Es gibt weitere innere Sexualorgane der Frauen, und ich möchte hier nicht alle Details von Gebärmutter, Eierstöcken & Co. erläutern, da sie in Bezug auf den G-Punkt keine Rolle spielen.

Anus, Analkanal und Rektum

Warum erkläre ich hier, wie der Anus aufgebaut ist? Nun, Enddarm und Vagina sind nur durch eine dünne, sehr dehnbare Wand getrennt. Daher lässt sich der G-Punkt durch den Anus stimulieren. Bei manchen Frauen funktioniert das sogar besonders gut beim Analverkehr, da der Winkel des Penis anders ist.

Unter der Vaginalöffnung befindet sich der Damm, das Perineum, eine kleine, aber sehr empfindliche Stelle. Dahinter liegt der Anus – die Öffnung zum Analkanal, Rektum und Enddarm –, auch Rosette genannt. Sie sieht runzlig aus und besteht aus sehr weichem Gewebe. Rosette bedeutet »kleine Rose«, denn sie ist so zart wie eine Blüte, und jedes Fältchen ist wie ein Blütenblatt. Die Rosette und der erste innere Teil des Analkanals sind ähnlich reich an Nervenenden wie die Klitoris und daher sehr empfänglich für Stimulation. Die Haut rund um die Öffnung herum enthält Haarfollikel, und daher ist der Anus normalerweise mehr oder weniger von Haaren umgeben.

Unter der Haut sind die äußeren und inneren Schließmuskeln angeordnet, die beim Analsex ein Gefühl der Enge beim Eindringen geben können. Um angenehmen Analsex erleben zu können, müssen wir lernen, diese Muskeln bewusst zu entspannen.

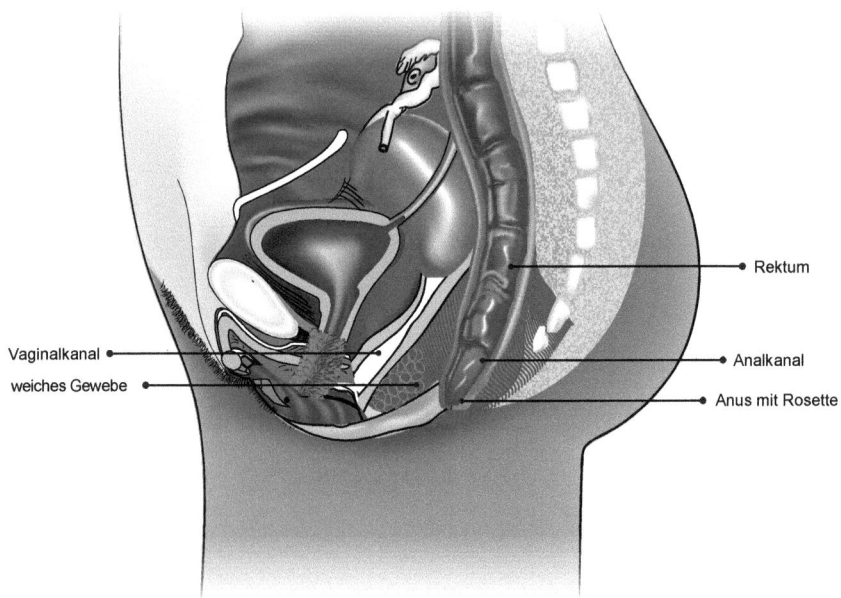

Der Analkanal und der G-Punkt sind durch weiches Gewebe voneinander getrennt.

Man kann lernen, den äußeren Schließmuskel zu kontrollieren, indem man ihn bewusst an- und entspannt. Der innere Schließmuskel wird jedoch durch das autonome Nervensystem gesteuert, das automatische Körperfunktionen wie die Atmung kontrolliert. Dieser Muskel reagiert reflexartig: Bist du bereit zur Stuhlentleerung, entspannt sich der innere Schließmuskel und leitet dadurch den Stuhl vom Enddarm über Rektum und Analkanal zum Anus hinaus. Die äußeren und inneren Schließmuskeln arbeiten unabhängig voneinander, da sie jedoch zusammenarbeiten, beeinflussen sie einander. So ist es überhaupt möglich, dass sich der innere Schließmuskel entspannt und du von außen in den Anus eindringen kannst.

Die ersten paar Zentimeter im Inneren sind der Analkanal, ein weiches, empfindliches Gewebe mit vielen Nervenenden. Hinter dem Analkanal befindet sich das Rektum, das 20 bis 25 Zentimeter lang ist und aus weichem und glattem Gewebe besteht, das ebenfalls in Falten gelegt ist, und dahinter wiederum liegt der Enddarm. Sowohl der Analkanal als auch das Rektum können sich stark erweitern und ermöglichen dadurch die Penetration.

Exkremente werden normalerweise im Enddarm gehalten, und erst wenn dieser voll ist, entsteht das Bedürfnis, zur Toilette zu gehen. Unterdrückst du dieses Bedürfnis, werden die Exkremente eventuell im Rektum gehalten. Analsex macht daher kurz nach einem Stuhlgang am meisten Spaß, dann fühlen sich der Analkanal und das Rektum angenehm leer an.

Anders als der Vaginalkanal ist das Rektum kein gerader Kanal, er windet sich, und deswegen sind Langsamkeit und Vorsicht bei der Penetration besonders wichtig. Diese Windungen sind übrigens bei jedem Mensch unterschiedlich.

Der Anus produziert keine eigene Feuchtigkeit, du must daher unbedingt bei allen Analspielen Gleitmittel verwenden!

Die Beckenbodenmuskeln

Der Beckenboden schließt den Torso nach unten ab, sodass die Organe sicher gehalten sind. Er besteht aus einer Gruppe breiter, flacher Muskeln in drei Schichten. Die berühmten PC-Muskeln sind nur eine Gruppe davon.

Harnröhre, Vagina und Anus werden von diesen Muskeln wie von einer verlängerten Acht umschlossen. Frauen (und Männer) können ihre PC-Muskeln leicht finden, denn sie sind es, mit denen man das Urinieren unterbrechen kann.

Der Beckenboden ist ein sehr wichtiger Teil der Sexualanato- mie. Frauen, die ihn regelmäßig trainieren, berichten von vielen Vorteilen, zum Beispiel von besserer Blasenkontrolle, lustvollerem Geschlechtsverkehr, verbesserter Orgasmuskontrolle und intensiveren und längeren Orgasmen. Nicht zuletzt scheint es für Frauen mit einem gut trainierten PC-Muskel leichter zu sein zu ejakulieren! (Wie deine Partnerin den Beckenboden auf einfache Weise trainieren kann, findest du unter diesem Link.)

Die innere Schicht des Beckenbodens kann die Vagina etwas in die Länge ziehen und so den Kontakt zum Penis intensiver machen – davon haben beim Sex beide etwas.

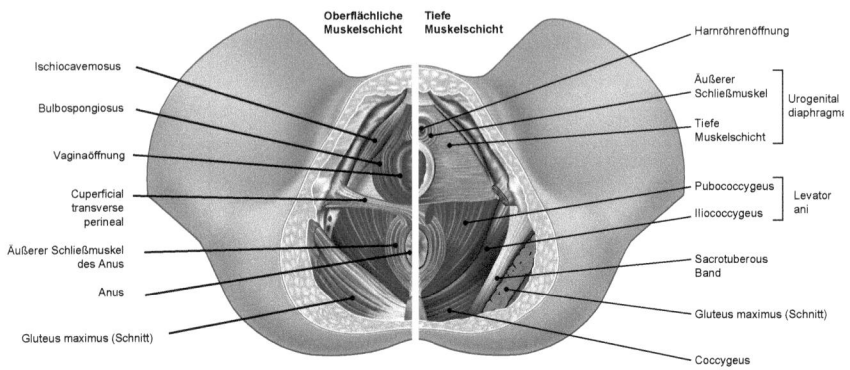

Der Beckenboden besteht aus vielen verschiedenen Muskeln,
die in zwei Schichten angeordnet sind.

Der gar nicht so große Unterschied

Es gibt eine bemerkenswerte Tatsache: Embryonen, also ungeborene Babys, sind auf Bildern anfangs nicht nach Geschlecht zu unterscheiden. Erst nach vielen Wochen entwickeln sich die jeweiligen Organe spezifisch und machen sie zu kleinen Jungs oder Mädchen. Vorher sind es Vorstadien von Organen, und die sind bei Jungs und Mädchen gleich! Ob sich die männlichen oder die weiblichen Organe ausbilden, entscheidet dann im weiteren Verlauf der Embryonalentwicklung die DNA, also die Kombination der Erbanlagen, die schon bei der Zeugung festlegt, ob aus der befruchteten Eizelle ein Mann oder eine Frau wird; außerdem sind daran bestimmte Hormone beteiligt. Es ist interessant zu wissen, dass, wenn diese Hormone aus welchem Grund auch immer fehlen, die Babys mit männlicher DNA automatisch weiblich werden. Die Geschichte von Adam und Eva müsste also eher andersherum laufen …

Embryonen sind nun keine Zellklumpen, sondern es gibt bereits nach wenigen Wochen eine klare Differenzierung, welche Zellen zu welchen

Organen werden. Daher ist es wirklich so, dass alle Organe beim Mann eine Entsprechung bei der Frau haben. In der Medizin wird dieses Prinzip »Homologie« genannt.

Und natürlich waren die Forscher eifrig und haben für uns herausgefunden, welche der später entwickelten Körperteile einander entsprechen.

Homologe Organe

Ich finde es äußerst bemerkenswert, dass Männer und Frauen auf körperlicher Ebene anscheinend ähnlicher sind, als allgemein bekannt. Vielleicht geht es dir ja genauso. Nun will ich nicht auf jedes Detail eingehen, denn das hier ist kein Medizinbuch; es gibt jedoch einige besonders interessante Körperteile.

Für dich besonders bedeutsam ist das Schwellgewebe. Während es beim Mann außen im Penis liegt und dort die Harnröhre umschließt, bleibt es bei der Frau im Inneren des Körpers. Es hat jedoch die gleiche Funktion: Bei Erregung füllt es sich mit Blut und schwillt an. Bei der Frau dauert es erfahrungsgemäß länger als beim Mann, bis zu 30 Minuten, ebenso dauert das Abschwellen länger. Die Schwellkörper bei der Frau lassen zum Beispiel die Venuslippen anschwellen, wenn sie erregt ist, und intensivieren ihr Gefühl bei der Penetration.

Laut Sabine zur Nieden »... entsprechen weit mehr Teile, als wir vielleicht vermuten würden, der weiblichen Genitalien dem männlichen Penis: Schauen wir uns die embryologische Entwicklung präziser an, dann wird klar, dass die homologe Struktur zum männlichen Penis bei der Frau weitaus mehr Organstrukturen umfasst als nur die Klitoris mit Glans, Corpus und Crura. Homolog zum Penis sind ebenfalls die kleinen Schamlippen (Labia minora), der Scheidenvorhof (Vestibulum), die beiden Scheidenvorhofschwellkörper (Bulbi vestibuli), der untere Anteil der Vagina und die weibliche Harnröhre mit Harnröhrenschwellkörpern (Corpus spongiosum urethrae).« (Aus: Weibliche Ejakulation; Psychosozial Verlag 2004.)

Wer jetzt noch einmal Doktor spielen will ...

Du kannst sowohl den Gebärmuttermund als auch den G-Punkt mithilfe eines Spekulums und einer Taschenlampe ansehen. »Ein Spekulum

– was ist das?«, wirst du vielleicht fragen. Vielen Frauen ist es hingegen vom Besuch beim Frauenarzt bekannt. Es ist eine Art Zange, die geschlossen in die Vagina eingeführt und dort geöffnet wird.

Klingt unsexy? Ist es auch. Hier geht es mehr um die Befriedigung der Neugier und um den Forschergeist!

Ein Spekulum (lat. *speculum*: Spiegel) aus Plastik bekommst du für etwa 5 bis 10 Euro in der Apotheke oder in (Online-)Sexshops. Meistens kommt es ohne Bedienungsanleitung, doch Vorsicht: Wer es falsch benutzt, kann der Frau richtig wehtun – aua! Daher folgt gleich eine kurze Anleitung.

Zuerst jedoch ein paar Worte über die Psyche: Wenn eine Frau dir erlaubt, sie so intim zu sehen, ist das ein Geschenk von ihrer Seite. Behandle es so und achte darauf, einen besonders wertschätzenden und respektvollen Raum zu kreieren. Es mag nicht so besonders erscheinen, ist es doch nur ein Angucken und etwas, das sie vielleicht schon oft beim Frauenarzt erlebt hat. Doch gerade weil es oft so unachtsam beim Frauenarzt geschieht, können emotionale Verletzungen entstehen, oder es gibt zumindest unangenehme Erinnerungen. Kennst du eine Frau, die gerne zum Frauenarzt geht? Das wäre die seltene Ausnahme. Die meisten Frauen finden es unangenehm, weil jemand, der zwar einen guten Grund hat (Gesundheit!), ihr bewusst kühl (um ja keine falschen Ideen aufkommen zu lassen) an und in der Vagina rumfummelt.

So etwas willst du natürlich nicht wiederholen, sondern gute Erinnerungen mit deinem Namen verbinden.

Jetzt wird's praktisch: Ein Blick auf den G-Punkt

- Du brauchst dafür: das Spekulum, eine Taschenlampe, Gleitmittel, einen Handspiegel und eventuell ein Kondom.
- Du kannst deiner Partnerin einen kleinen Thron vorbereiten, auf dem sie ruht, um dann betrachtet zu werden. Am besten ist eine Position, in der sie halb sitzt, halb liegt, mit angewinkelten, geöffneten Beinen. Um die Beine zu unterstützen, kannst du ihr rechts und links Kissen unter die Knie legen.
- Beginne mit Augenkontakt, den du für einen Moment hältst. Dann betrachte zuerst die Vulva von außen und beschreibe sie. Es geht dar-

um, genau das zu beschreiben, was du siehst: Farbe, Form, Oberfläche, Struktur. Sei genau.

- Dann bitte um die Erlaubnis, das Spekulum benutzen zu dürfen, und dringe nicht in sie ein, bevor sie nicht Ja sagt.
- Lege zuerst deine Hand über die komplette Vulva und lasse sie eine Weile dort ruhen.
- Für die beste Sichtbarkeit der Innenwelt – und die willst du ja – ziehst du über das Spekulum ein Kondom und schneidest dessen Ende auf. Wenn das Kondom nicht selbst mit Gleitmittel versehen ist, schmierst du es großzügig mit Gleitmittel ein. Das Spekulum ist geschlossen und wird mit nach unten zeigendem Griff in die Vagina eingeführt – natürlich nur so weit, wie es angenehm ist. Dann wird es vorsichtig geöffnet, und auch das wieder nur so weit, wie es angenehm ist. Die meisten Spekula bieten eine Möglichkeit, diese Einstellung einrasten zu lassen. Das Kondom dient dazu, die Wände der Vagina ebenso wie das Spekulum auseinanderzudrücken, so kannst du mehr sehen. Und du siehst: nichts.
- Deswegen brauchst du jetzt die Taschenlampe und leuchtest in die Vagina hinein. Neben Rosa in allen Variationen kannst du vielleicht am Ende des Spekulums den Muttermund sehen. Wenn nicht, bewege es vorsichtig, bis eine etwas festere, kirschartige Form in dein Blickfeld gerät. Dann hast du ihn! Nimm dir ein paar Momente, ihn zu betrachten, und beschreibe ihn deiner Partnerin.
- Wenn sie möchte, kann sie jetzt mithilfe des Handspiegels auch selber gucken.
- Aber eigentlich bist du ja auf der Suche nach dem G-Punkt, und dazu drehst du das Spekulum um 90 Grad – aber bitte ganz vorsichtig! An der oberen Wand siehst du jetzt wahrscheinlich eine Stelle, die anders als der Rest aussieht. Die Frau kann mit den Bauchmuskeln oder den PC-Muskeln spielen, wenn sie ihr Training gemacht hat (dazu später mehr), und den G-Punkt so vielleicht besser ins Licht rücken. Falls er jetzt nicht sichtbar ist: Probiert es noch einmal, wenn sie erregter ist oder es vor kurzem war (die Schwellkörper schwellen bei der Frau langsamer ab als beim Mann, ihr habt also ein wenig Zeit).

Du kannst auch versuchen, das Kondom wegzulassen, dann ist der G-Punkt möglicherweise besser sichtbar.

• Wenn du genug gesehen hast – und deine Partnerin vielleicht auch, wenn du ihr einen Handspiegel in die Hand gedrückt hast – kommt das Wichtigste: Das Spekulum wird aus der Vagina gezogen, ohne es vorher zu schließen. Falls es schließt, läufst du Gefahr, ein Stück Haut einzuklemmen, und das tut ungemein weh! Also, ganz wichtig: Spekulum offen lassen! Das gilt umso mehr, wenn du das Kondom weglässt.

• Anschließend lass wieder eine Weile deine Hand auf der Vulva ruhen und bedanke dich bei deiner Partnerin.

»Tuning« – Wunder oder Fluch der Medizin

Die moderne Medizin kann nicht nur helfen, wenn die Vagina auf die eine oder andere Weise krank ist, sondern es gibt auch eine ganz besondere Art der Schönheitschirurgie, die sich vor allem in den USA verbreitet und das Sexleben von Frauen verbessern soll. Der G-Punkt wird dabei durch einen kleinen chirurgischen Eingriff so verändert, dass er größer ist und somit öfter stimuliert wird, besonders bei der Penetration.

Frauen, die diesen Eingriff wagen, berichten zum Teil über spektakuläre Verbesserungen ihres Sexlebens.

Der Eingriff ist auch in Deutschland möglich, muss allerdings selbst bezahlt werden und ist nicht gerade günstig. Die Krankenkassen fühlen sich bisher nicht zuständig, wenn es um eine Verbesserung des Sexlebens geht.

Was geschieht bei diesem Eingriff nun genau? Da gibt es zwei Möglichkeiten. Die erste ist weniger aufwändig, verliert jedoch nach sechs bis neun Monaten ihre Wirkung. Dabei wird der G-Punkt mit einer speziellen Form der Hyaluronsäure unterspritzt. Diese wirkt als Gewebefüller und verursacht eine Vergrößerung des G-Punkts, sodass er sich idealerweise in den Vaginalkanal wölbt und bei der Penetration mit stimuliert wird.

Die Säure wird allmählich vom Körper abgebaut, wodurch die Wirkung im Laufe der Zeit nachlässt.

Die zweite Möglichkeit ist die Unterspritzung des G-Punkts mit kör-
pereigenem Fett. Diese Methode soll den G-Punkt dauerhaft vergrößern.
Wie jeder medizinische Eingriff ist auch so ein »Tuning« mit Risiken
verbunden, die im Vergleich zum möglichen Nutzen abgewogen werden
wollen. Das Gewebe rund um die Harnröhre ist bisher nicht vollständig
erforscht, und der Effekt eines Eingriffs kann daher nicht im Detail ab-
geschätzt werden. Es können durch den Eingriff zum Beispiel Schwellkörper oder Nerven verletzt werden.

Nach Angaben von Ärzten, die diese Methode anwenden, wirkt sie
bei etwa 70 Prozent der Frauen, 30 Prozent nehmen keine oder keine
nennenswerte Veränderung wahr.

Ich habe diese Methoden nicht ausprobiert. Nach meinem Gefühl
gibt es genügend Techniken, um den G-Punkt auch ohne »Tuning« ideal
zu stimulieren. Es braucht ein wenig Übung und Geduld. Ob ein medizinischer Eingriff eine lohnende Abkürzung ist, will ich hier nicht beurtei-
len. Wer das herausfinden möchte, muss es selbst ausprobieren.

● Geschichtliches

Ich schreibe hier kurz etwas über die Geschichte des G-Punkts. Meistens bleibe ich in diesem Buch praktisch, doch gerade weil es heute Streit über die Existenz des G-Punkts und der weiblichen Ejakulation gibt und weil das in früheren Kulturen ganz anders war, will ich die Geschichte auch erwähnen.

Es ist meiner Ansicht nach ein Augenöffner dafür, wie be-grenzt die moderne Medizin ist. Wer weiß, was wir alles noch nicht wissen …?

Ganz alt oder ganz neu?

Erstaunlich ist, dass der G-Punkt und die weibliche Ejakulation scheinbar »neue« Themen sind. Denn schon uralte japanische Holzschnitte und Darstellungen in indischen Tempeln zeigen eindeutig die weibliche Ejakulation. Häufig wurde sie jedoch uminterpretiert als Urinieren, da die weibliche Ejakulation unbekannt war.

In der westlichen Kultur stammt der erste bekannte Hinweis von Aristoteles. Er berichtete um 300 v. Chr. von einer flüssigen Absonderung beim weiblichen Orgasmus, die jedoch keinen Samen enthalte. Später taucht die Ejakulation ebenfalls wieder auf: Galen von Pergamon (131–199 n. Chr.), ein griechischer Arzt und Anatom, beschrieb im 2. Jahrhundert die weibliche Paraurethraldrüse als Prostata: »Ferner ergießt sich die Flüssigkeit, die in jenen drüsenartigen Körpern entsteht, in den Harngang hinein. Dann wird sie allerdings beim männlichen Geschlecht zusammen mit dem Samen in die Vagina gebracht, bei Frauen aber wird sie sowohl nach außen als auch in die weibliche Scham ergossen. Ihr Vorteil aber liegt bei beiden Geschlechtern, bei den Männern ebenso wie bei den Frauen, weil sie Liebesverlangen erregt, weil sie beim Koitus Lustempfinden bringt und weil sie außerdem noch den Harngang mit Feuchtigkeit versorgt. [...] Dem Anschein nach sind der Samen, der in den Hoden der Frau enthalten ist, und die Flüssigkeit, die in den drüsenartigen Körpern der Männer ist, untereinander sehr ähnlich [...]. Aus diesem Grund meine ich, hat man keine Bedenken, die Gänge, die von diesen Körpern herkommen, Samengefäße zu nennen; und in der Tat hat Herophilos sie die drüsenartigen ›Prostatas‹ genannt.« (Quelle siehe Anhang.)

Der italienische Arzt und Anatom Matteo Realdo Colombo (1516–1559) beschrieb den G-Punkt im Zusammenhang mit der Klitoris in seinem anatomischen Atlas erstaunlich genau.

Der holländische Anatom Regnier de Graaf schrieb 1672: »Die Harnröhre ist in ihrer gesamten Länge von einer weißen, membranartigen, fingerbreiten Substanz umhüllt [...]. Diese Substanz könnte man sehr treffend als weibliche Prostata oder Corpus glandulosum bezeichnen [...]. Der Ausfluss von diesen weiblichen ›Prostatae‹ verursacht ebenso viel Wollust wie der von männlichen ›Prostatae‹.« (Quelle siehe Anhang.) Auch er zog also den Vergleich zur männlichen Prostata.

Einen weiteren wichtigen Bestandteil der weiblichen Anatomie beschrieb im Jahre 1880 der Schotte Alexander Johnston Chalmers Skene, nämlich die nach ihm benannten neben der Harnröhre liegenden Drüsen. Er wusste jedoch nichts über ihre Funktion zu berichten.

Der deutsche Gynäkologe Ernst Gräfenberg ist der erste Au-tor, der den G-Punkt erwähnt hat. 1950 veröffentlichte er einen Artikel über sexuelle Befriedigung und den weiblichen Orgasmus. In »The Role of Urethra in Female Orgasm« schrieb er: »Eine erogene Zone konnte immer an der Vorderwand der Vagina entlang der Harnröhre nachgewiesen werden [...]. Analog zur männlichen scheint die weibliche Harnröhre auch von Schwellkörpern umgeben zu sein wie jene des Penis. Im Laufe der sexuellen Stimulation beginnt die weibliche Harnröhre, sich zu vergrößern, und kann leicht gefühlt werden. Sie schwillt beim Ende des Orgasmus erheblich an. Der am stärksten stimulierbare Teil liegt an der hinteren Harnröhre, da, wo sie aus dem Blasenhals austritt.« (Quelle siehe Anhang.)

Gräfenberg beschrieb ebenfalls die weibliche Ejakulation. Zu Ehren seiner Forschung benannten die Forscher Alice Kahn Ladas, Beverly Whipple und John D. Perry in ihrem 1980 erschienenem Buch den Punkt Gräfenberg-Punkt, liebevoll abgekürzt »G-Punkt«. Dieser Name hat sich bis heute gehalten, auch wenn er nicht ganz korrekt ist, wie hier im Kapitel Anatomie beschrieben. Ihr Buch avancierte schnell zum Bestseller, beschrieb es doch Erfahrungen, die viele Frauen schon gemacht hatten, aber bis dahin nirgendwo wissenschaftlich bestätigt fanden.

Klitoris – die letzten 100 Jahre

Sigmund Freud, der Vater der modernen Psychologie, hatte behauptet, nur vaginale Orgasmen würden der reifen Frau entsprechen; die Lust an der klitoralen Stimulation entspräche jungen Mädchen und würde sich wandeln. Alle Frauen, die dieses Ideal nicht erfüllten und nicht allein durch den vaginalen Geschlechtsverkehr zum Orgasmus kämen, seien frigide. Das führte dazu, dass viele Frauen sich unzulänglich fühlten, und erst Alfred Kinsey räumte 1953 in seinem Buch »Das sexuelle Verhalten der Frau« damit auf. Das Buch bezog sich auf eine umfassende Studie über sexuelles Verlangen, Verhalten und den Orgasmus der Frau. Daraus schloss Kinsey, dass allein die Klitoris – nicht die Vagina – das Lustzentrum der Frau sei.

Einen Schritt weiter gingen die berühmten Forscher Masters und Johnson. 1960 stellten sie in ihrem Buch »Die sexuelle Reaktion« die These auf, die Klitoris sei weitaus mehr als nur Klitorisperle und -schaft und dass mehrere verschiedene Strukturen hinter den Venuslippen dazugehörten. Daraus folgerten sie, dass alle weiblichen Orgasmen, auch jene, die ausschließlich durch Penetration erreicht werden, klitorale Orgasmen sein müssten.

Erst im Jahr 1998 wurde die innere Struktur offiziell von der australischen Urologin Helen O'Connell entdeckt.

Aus der Selbsthilfebewegung in Amerika und Europa stammen weitere Impulse. Frauen trafen sich zu Selbstuntersuchungsgruppen und sprachen über ihre Erfahrungen. Daraus entwickelten sie ihr eigenes Anatomiebuch, das 1971 unter dem Titel »Our bodies, ourselves« (auf Deutsch: Unser Körper, unser Leben) erschien und lange ein Klassiker blieb. Zum ersten Mal wurde Anatomie so verständlich beschrieben, dass auch Nichtmediziner sie nachvollziehen konnten.

Die Klitoris wurde darin zum Zentrum der Lust erklärt. Einerseits ermöglichte dieser Ansatz vielen Frauen, ihre Wünsche genauer zu formulieren, doch es war auch ein neues Dogma. Die aktualisierte Ausgabe »Frauenkörper neu gesehen«, die 2012 von Laura Méritt herausgegeben wurde, ändert diesen Standpunkt und formuliert es so, dass der G-Punkt maßgeblich zur weiblichen Befriedigung und zum Orgasmus beitrage.

Spekulationen über die weibliche Ejakulation

Interessanterweise wurde die weibliche Ejakulation auch von Feministinnen in das Land der Märchen verwiesen. So schrieb zum Beispiel Germaine Greer in »Der weibliche Eunuch«, einem feministischen Grundlagenwerk, das sich gegen die Sicht auf die Frau als reines Sexualobjekt wendet: »Alle möglichen falschen Vorstellungen über Frauen sind immer noch im Umlauf, obwohl sie schon seit Jahren widerlegt wurden. Viele Männer weigern sich, von der Vorstellung zu lassen, Frauen könnten eine Ejakulation haben. Obwohl sich diese Auffassung lange gehalten hat und in der Geschichte Fuß gefasst hat, ist sie reine Fantasie und entbehrt jeglicher Grundlage.« (Quelle siehe Anhang.)

Die Medizinerin Sabine zur Nieden veröffentlichte 1994 das bereits erwähnte Buch »Weibliche Ejakulation: Variationen zu einem uralten Streit der Geschlechter«. Darin beschreibt sie als Erste die anatomischen Grundlagen sehr genau und geht ausführlich auf die Homologie zwischen weiblichen und männlichen Körpern ein. Sie belegt, dass der G-Punkt der männlichen Prostata entspricht. Zusätzlich hat sie Frauen zur weiblichen Ejakulation befragt. In der nicht repräsentativen Gruppe von überwiegend lesbischen Frauen gaben 33 Prozent der Befragten an, schon einmal eine Ejakulation erlebt zu haben.

Die Forschung über die körperlichen Grundlagen weiblicher Sexualität steht auch heute noch vor offenen Fragen. Neben der Existenz des G-Punkts, der Funktionsweise der verschiedenen Drüsen und der Schwellkörper ist die Ejakulation nur ein weiteres Thema. Es gibt viele widersprüchliche Forschungen über die Inhaltsstoffe des weiblichen Ejakulats. So behaupten einige Forscher, beim weiblichen Ejakulat handele es sich ganz eindeutig um Urin (Samuel Salama et al., siehe Anhang).

Andere sind sich sicher, dass die Flüssigkeit starke Ähnlichkeit mit den Inhaltsstoffen der männlichen Prostataflüssigkeit hat (Florian Wimpissinger et al., siehe Anhang).

1999 versuchte Milan Zaviačič, ein Professor der Pathologie und forensischen Medizin, die Zusammensetzung der Flüssigkeit der weiblichen Ejakuation herauszufinden, kam jedoch nicht zu eindeutigen Ergebnissen. Er bestätigte aber, dass der G-Punkt die weibliche Prostata sei (siehe Anhang).

Auch die Angaben zur Zahl der Frauen, die schon einmal eine Ejakulation erlebt haben, schwanken zwischen 5 und über 50 Prozent, je nach Studie.

Es lohnt sich daher ein Blick hinter die Kulissen mancher Statistiken. Einige Studien beruhen nur auf Befragungen, andere nur auf sehr wenigen Teilnehmerinnen wie zwei oder zehn Frauen. Und eine Studie zur weiblichen Ejakulation wählte zum Beispiel als Personenkreis Prostituierte, die angaben, ejakulieren zu können, jedoch dafür bezahlt wurden und dadurch keine sehr vertrauenswürdige Untersuchungsgruppe sind.

»In«: der G-Punkt in den Medien

Während einige Wissenschaftler die Existenz des G-Punkts bestätigen und andere sie bestreiten, wird das Thema immer wieder von den Medien mit Begeisterung aufgenommen. Frauenmagazine bringen Artikel um Artikel, wie dieser magische Punkt zu finden sei. Sexspielzeughersteller vermarkten Produkte, die speziell dafür entwickelt wurden, den G-Punkt zu treffen. Spezielle medizinische Behandlungen sollen den G-Punkt vergrößern. Es gibt eine Reihe von Workshops zum Thema, und Tantramassagepraxen bieten spezielle Massagen an.

Nachdem der G-Punkt in das allgemeine Bewusstsein eingedrungen ist, beginnen auch mehr und mehr Frauen, ihre Körper zu erforschen und diesen Punkt zu suchen.

Es gibt immer wieder Meldungen in der Presse, wonach so-wohl die Existenz des G-Punkts als auch seine Nichtexistenz gerade neu bewiesen worden sein sollen. Doch insbesondere den letzteren Meldungen schenkst du hoffentlich nach diesem Buch keine Beachtung mehr.

● Der weibliche Orgasmus

Der Orgasmus ist ein individuelles Erlebnis, und jede Frau empfindet ihn auf eine andere Art und Weise. Jeder Orgasmus ist einzigartig, aber einige körperliche Reaktionen treten recht häufig auf: Nicht nur die Muskeln im Genitalbereich kontrahieren sich, sondern die Frau kann auch am ganzen Körper Muskelkontraktionen verspüren, in denen sich die sexuelle Spannung entlädt. Sie errötet, ihr Herz schlägt schneller, sie atmet flacher und schneller. Sie stöhnt oder schreit vielleicht.

Der Orgasmus selbst kann wenige Sekunden bis mehrere Minuten lang andauern und setzt im Gehirn verschiedene Hormone frei, zum Beispiel Dopamin und Oxytocin.

Vaginal oder klitoral? Der theoretische Streit

Der Orgasmus ist neben Nähe, Intimität und schlichtem Vergnügen ein wesentlicher Bestandteil der weiblichen Sexualität. Die Art und Weise, wie eine Frau zum Orgasmus kommt, und was der »richtige« Orgasmus sei, ist aber wissenschaftlich umstritten. Meiner Meinung nach ist der Genuss das Wichtigste, doch nicht alle Wissenschaftler sehen dies genauso. Der Streit hat eine gewisse Absurdität; ich gebe ihn jedoch hier in Ausschnitten wieder, da er auch einen Eindruck vermittelt, wie sich der generelle Blick auf weibliche Sexualität entwickelt hat.

Es begann alles mit Sigmund Freud, dem Begründer der Psychoanalyse. Freud entwarf wie schon gesagt eine Theorie, nach der zwar junge Mädchen klitorale Orgasmen hätten, aber mit dem Eintritt der Geschlechtsreife würde ein »Leitzonenwechsel« stattfinden, und die reife Frau würde vaginale Orgasmen haben. Frauen, die durch vaginalen Geschlechtsverkehr allein keine Orgasmen erlebten, wurden nun von Freudianern als kalt, frigide oder sogar verrückt abgestempelt. Freud schien damit die Penetration zur einzig richtigen Sexualpraktik erklären zu wollen. In späteren Werken nahm er seine Ansichten aber zum Teil zurück.

Nichtsdestotrotz hielt sich Freuds frühe Vorstellung über 50 Jahre lang – bis der berühmte Sexualforscher Alfred Kinsey mit seinen bahnbrechenden Forschungen alle bisherigen Ideen auf den Kopf stellte.

1953 veröffentlichte er die Studie »Das sexuelle Verhalten der Frau«, für die er fast 6000 Frauen zu ihren sexuellen Verhaltensweisen befragt hatte. Darin schrieb Kinsey, dass es nur eine einzige Quelle für das sexuelle Vergnügen und die sexuelle Befriedigung der Frau gebe: die Klitoris. Alle Orgasmen seien daher klitorale Orgasmen. Er wusste jedoch nicht, dass die Klitoris mehr als die äußerlich sichtbare Perle ist, und erfasste andere Arten der sexuellen Lust nicht.

Schritt für Schritt ging es weiter: Masters und Johnson wiesen, wie bereits erwähnt, 1960 in »Die sexuelle Reaktion« auf die inneren Bestandteile der Klitoris hin und dass jeder Orgasmus ein klitoraler Orgasmus sei, da entweder die inneren oder die äußeren Teile der Klitoris stimuliert würden.

Neue Orgasmusarten

Die Sexualwissenschaftler Josephine und Irving Singer stellten 1972 in »Types of female orgasm« eine neue Theorie vor, in der sie drei verschiedene Arten von Orgasmen beschrieben: den vulvalen Orgasmus (durch klitorale Stimulation), den uterinen Orgasmus (durch Penetration und Stimulierung des Gebärmuttermundes) und den gemischten Orgasmus (Kombination der beiden anderen Varianten).

1982, als Ladas, Whipple und Perry das Buch »Der G-Punkt – das stärkste erotische Zentrum der Frauen« und ihre Forschungen zum Thema veröffentlichten, trat auch der G-Punkt-Orgasmus erstmals in den Fokus der Öffentlichkeit. Ladas, Whipple und Perry stellten ihre eigenen Orgasmuskategorien vor: den klitoralen und den vaginalen Orgasmus sowie einen gemischten Orgasmus, der zwischen diesen beiden Varianten liege. Der G-Punkt war für sie der Auslöser für den vaginalen Orgasmus. Damit trennen sie jedoch die Klitoris vom vaginalen Orgasmus ab, was ihre Theorie für mich unglaubwürdig macht.

Was ich jedoch sehr sinnvoll finde, ist ihre Beschreibung, wie unterschiedliche Nerven für unterschiedliche Orgasmen und die damit verbundenen Gefühle verantwortlich sind. Ihre Theorie besagt, dass der Schamnerv, der den Genital- und Analbereich sowie die Harnröhre versorgt, für den klitoralen Orgasmus verantwortlich sei. Für den vaginalen Orgasmus hingegen sei der Beckennerv verantwortlich, der zusätzlich zu den inneren Organen auch den G-Punkt mit dem Rückenmark verbinde.

Verlockende Vielfalt ...

Andere Forscher und Sexologen, zum Beispiel Annie Sprinkle (http://anniesprinkle.org/seven-types-of-female-orgasm/), sprechen von vielen weiteren Arten des weiblichen Orgasmus und beziehen die Stimulation der Brustwarzen, des Harnröhrenausgangs (H-Punkt), der Zervix (Gebärmutterhals), des A-Punkts (ein Punkt vor der Zervix tief in der Vagina), des Anus, der Ohrläppchen sowie den Orgasmus im Traum, den Orgasmus durch intensives Atmen, den Energieorgasmus und viele mehr mit ein.

Die amerikanische Pionierin der Sex Education Betty Dodson fasst es schön zusammen: Ein Orgasmus ist ein Orgasmus.

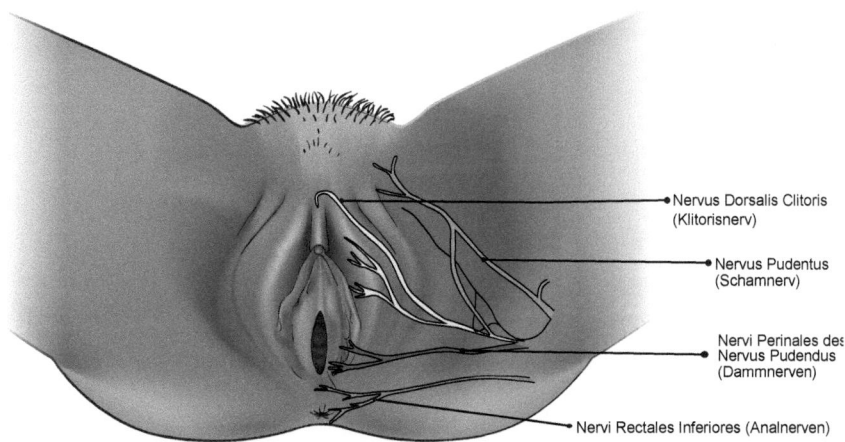

Verschiedene Nerven sind mit den Genitalien und dem Anus verbunden.

Ich finde die Vielfalt wichtig und den Aspekt, dass es kein »Richtig« oder »Falsch« gibt, wenn es sich gut anfühlt. Es lohnt sich meiner Erfahrung nach sehr, die unterschiedlichen Bereiche zu erkunden: Da mit jedem Bereich verschiedene Nerven stimuliert werden und die Signale im Gehirn anders sind, fühlt es sich auch ganz unterschiedlich an! Und gerade die Kombination verschiedener Signale im Gehirn kann sehr angenehm sein.

Dieser kurze Ausschnitt aus der Diskussion rund um die Quellen für Stimulation und Orgasmus macht deutlich, dass selbst Wissenschaftler die Abläufe sehr unterschiedlich einschätzen. Du siehst also: Letztlich kommt es auf die eigene Erfahrung an und auf die Worte, die du dafür findest. Wenn ich vom G-Punkt-Orgasmus spreche, meine ich grundsätzlich den, der durch G-Punkt-Stimulation erzielt wird. Der kann jedoch genauso gut auch vaginale und/oder anale Stimulation beinhalten.

Die spezielle Orgasmusart des Tantra und Tao

Die medizinische Betrachtung kennt nur die Art von Orgasmus, die durch immer höher steigende Erregung entsteht.

Dieser Orgasmus wird deshalb auch »Peak-Orgasmus« (Englisch peak: Spitze, Gipfel) genannt, weil er eben die Spitze der Erregungskurve darstellt, die danach wieder absinkt (im Falle von multiplen Orgasmen baut sich die Erregung wellenförmig auf und wieder ab).

Es gibt jedoch eine weitere Orgasmusart: den Tal-Orgasmus oder auch, um bei englischen Bezeichnungen zu bleiben, »Valley-Orgasmus« genannt. Dieser Orgasmus wird im Tantra, Taoismus und Kamasutra beschrieben und entsteht nicht durch die Steigerung der Erregung, sondern eher durch deren Ausdehnung. Es wird hier von der sexuellen Energie gesprochen, die sich auch ohne Erregung erleben lässt. Sie wird eher als Kribbeln, Lebendigkeit, Genuss und Wohlgefühl im ganzen Körper erlebt.

Anders als beim Peak-Orgasmus tritt der Valley-Orgasmus, wie der Name schon sagt, nicht an der Spitze der Erregung ein, sondern im »Tal«. Er wird auch als Ganzkörperorgasmus bezeichnet. Er ist in die Länge gezogen, und das Gefühl wird dabei unter anderem so beschrieben: »Mein ganzer Körper ist wie aufgeladen, alles kribbelt, ich habe das Gefühl, noch die letzte Haarspitze bewusst zu fühlen. Irgendwann war ich unsicher, ob es überhaupt vorbeigeht.« Andere beschreiben ihn als besondere Verschmelzung mit dem anderen, als Gefühl von Einheit, von In-sich-Ruhen. Dieser Orgasmus ist nicht nur auf die Genitalien bezogen, sondern auf den ganzen Körper und beinhaltet auch ein inneres Gefühl von Ruhe und Ganzheit. Anders als bei den Peak-Orgasmen sinkt die Energie danach nicht ab, sondern man fühlt sich lebendiger und wacher.

Wer sich dafür näher interessiert, findet dazu mehr in den Büchern von Mantak Chia, Margot Anand, Diana Richardson und anderen Tantra- und Taolehrern.

Hier möchte ich diese Art von Orgasmus besonders erwähnen, da meiner persönlichen Erfahrung nach Tal-Orgasmen oder ähnliche Zustände sehr gut durch die G-Punkt-Stimulation erreicht werden können – insbesondere wenn man sich Zeit nimmt und mit Langsamkeit und Kontinuität die sexuelle Energie immer weiter aufbaut, ohne die Absicht zu haben, einen Orgasmus herbeizuführen, sondern wenn man sich eher wie in einem Fluss dahintreiben lässt.

Für viele Frauen ist es eine große Erleichterung, wenn das Ziel »Orgasmus« wegfällt, und erst in dieser Absichtslosigkeit können sie sich so fallenlassen, dass sie das Sexuelle genießen. Es mag vielen Männern als paradox erscheinen, dass ein Orgasmus überhaupt erst möglich ist, wenn er nicht angestrebt wird. Aber Männer funktionieren eben anders als Frauen.

Viele Frauen, denen ich eine Tantramassage gegeben habe, waren an diesem Gefühl des Ganzkörperorgasmus mehr interessiert als an einem (kurzen) Orgasmus. Sie berichteten, dass sie ihren Körper intensiv gespürt und sich im ganzen Körper sehr wohlgefühlt hätten.

● Ran an den G-Punkt!

Der erste Schritt zu großartiger G-Punkt-Stimulierung überrascht dich jetzt vielleicht: Sei offen für Neues! Befriedigung hängt nicht nur von der richtigen Technik, von tollen Sexspielzeugen und der perfekten Position ab. Es geht hier um die richtige Chemie und Kommunikation: Erst wenn ihr euch beide ganz wohlfühlt, seid ihr bereit, Hemmungen abzulegen und so den Weg für erfüllende Erfahrungen zu bereiten. Gefühls- und Seelenzustand spielen bei sexuellen Erfahrungen eine große Rolle.

Im Idealfall vergisst du während einer sexuellen Erfahrung für kurze Zeit den Rest der Welt. Du vergisst offene Rechnungen, deine Arbeit und alle anderen Stressfaktoren. Das alles bleibt irgendwo im Hintergrund, während sich deine ganze Aufmerksamkeit auf deinen Körper, deine Partnerin und eure sexuelle Verbindung konzentriert. Je mehr du mit deinem eigenen Körper verbunden bist und je mehr sexuelles Selbstbewusstsein du ausstrahlst, umso besser wird jede Art von Sex für dich sein.

Aufwärmen statt Vorspiel

Viele Männer denken, dass für Frauen viel Vorspiel das Beste am Sex sei. Dabei ist das Wort »Vorspiel« irreführend, und ich würde es gern durch ein anderes ersetzen: Aufwärmen. Alle möglichen wunderbaren Dinge wie Küssen, Necken, Oralsex, Fingern, Knutschen, Sexspielzeuge und so weiter werden mit dem Wort Vorspiel bloß als Appetitanreger vor der Hauptspeise bezeichnet. Viele dieser Sachen sind aber für viele Frauen und Männer genauso wichtig und genussvoll wie die Penetration. Warum es also nur als »Beilage« ansehen? Zuerst das Vorspiel und dann Penetration als Endziel, als krönender Abschluss – aber sollten nicht einfach Spaß und Genuss die oberste Priorität genießen?

Es geht nicht darum, das Vorspiel abzuschaffen oder für unwichtig zu erklären; es geht um die Idee dahinter, und daher finde ich die Wortwahl so wichtig.

Wir sprechen hier also über eine Reihe mehr oder weniger sexueller Aktivitäten, mit denen ihr euch für die weiteren, explizit sexuellen Handlungen lustvoll aufwärmen könnt. Gerade die nicht eindeutig sexuellen Aktivitäten sind für Frauen oft ein Teil des Aufwärmens, durch den sie sich besser entspannen und fallenlassen können. Anders als bei Männern ist sexuelle Erregung bei Frauen physiologisch nur möglich, wenn sie sich sicher fühlen! Der sexuelle Reaktionszyklus einer Frau ist zudem so einzigartig wie sie selbst. Er kann jedes Mal anders sein und hängt von ihrer Laune, der Situation, ihrem Partner (also dir) und vielem anderen ab. Daher geht es beim Aufwärmen auch nicht gezielt darum, immer intensiver zu werden und so viel Erregung wie möglich zu erreichen, sondern es soll Spaß machen, während ihr beide entspannt genießt. Zeit spielt eine größere Rolle, als viele Männer denken: Allein die Schwellkörper brauchen 30 Minuten, um sich mit Blut zu füllen. Vom G-Punkt wissen wir, dass er einfacher zu finden ist, wenn die Frau erregt ist, denn dann schwillt er an und tritt deutlicher hervor. Daher: Nimm dir gerne Zeit!

Emotionales Aufwärmen

Mindestens genauso wichtig wie das Körperliche ist die emotionale Seite. Das Thema ist riesig, und ich werde es hier nur kurz anreißen. Die folgenden Aspekte halte ich für ganz entscheidend.

Frauen ticken anders als Männer – das ist allgemein bekannt. Und natürlich bestehen auch zwischen Frauen große Unterschiede. Es gibt jedoch eine Tendenz, dass die emotionale Seite für Frauen wichtiger ist als für Männer und dass diese darüber entscheidet, ob eine Frau überhaupt an Sex interessiert ist.

Was bedeutet das für dich? Es muss ein Minimum an Vertrauen und Sicherheit vorhanden sein, sodass die Frau sich in deiner Nähe wohl, sicher und entspannt fühlt.

Das Wichtigste jedoch ist, dass sie sich gewollt fühlt!

Das emotionale Aufwärmen entsteht hauptsächlich dadurch, dass du sie als Frau begehrst. Das ist jetzt keine Einladung zu platten Anmachsprüchen à la: »Toller Body – schon was vor heute?« Es bedeutet vielmehr, dass du die Frau als Person kennenlernst und ihr zeigst, dass du nicht nur Sex willst, sondern auch Sex speziell mit ihr. Es bedeutet nicht, dass du so tun musst, als wäre dir ihr Körper egal. Sie ist aber mehr als ihr Körper, und das sollte sich in deinem Kontakt mit ihr widerspiegeln.

Wenn du in einer längeren Beziehung bist, ist das genauso wichtig wie bei einer kurzfristigen Affäre. Emotionales Aufwärmen bedeutet, dass du eine Verbindung herstellst. Es bedeutet nicht, dass du dich völlig zurücknimmst und nur auf sie konzentrierst. Um Kontakt herzustellen, braucht es beide Seiten. Es geht dabei nicht um etwas Großes, Besonderes, sondern um Aufmerksamkeit füreinander und Präsenz im Moment.

Die Phasen der Erregung

Wie du schon weißt, ist jeder Orgasmus unterschiedlich und daher auch jede Phase der Erregung. Modelle sind also mit Vorsicht zu genießen und sollten nicht dazu dienen, dich oder deine Partnerin unter Druck zu setzten. Die Sexualwissenschaftler Masters und Johnson haben sich jedoch die Mühe gemacht, die einzelnen Phasen sehr detailliert zu erforschen, und es kann dir vielleicht helfen, besser zu verstehen, wie deine Partnerin reagiert. Sie dokumentierten 1966 den weiblichen sexuellen Reaktionszyklus durch genaue Beobachtung im Labor mit vielen Messungen. Nach ihrer Theorie besteht er aus mehreren Phasen.

Die erste ist die *Erregungsphase*. Puls und Blutdruck steigen an, die Frau beginnt, schneller oder tiefer zu atmen oder auch zu stöhnen. Die Schwellkörper der Klitoris beginnen sich mit Blut zu füllen, dadurch werden die äußeren Venuslippen flacher, und die inneren Venuslippen schwellen an. Die Scheidenwände werden feucht, die Klitorisperle erigiert. Die Vagina weitet sich leicht, Gebärmutterhals und Gebärmutter ziehen sich zurück. Ihre Brustwarzen werden möglicherweise hart, und ihre Haut errötet. Der Körper bereitet sich vor, ist jedoch bei den meisten Frauen noch nicht für eine intensive Stimulation des G-Punkts und der Klitoris bereit (und auch nicht für eine Penetration).

Genieße die Zeit, sorge für viel Hautkontakt und Berührungen am ganzen Körper. Diesen Teil des Erregungszyklus will sie unbedingt voll auskosten! Mache deshalb keine abrupten Bewegungen – alles spielt sich langsam und sanft ab. Ihr Körper macht sich selbstständig – lass es zu. Vergiss nicht: Möglicherweise sind weder die Klitoris noch der G-Punkt zu diesem Zeitpunkt schon zur Stimulation bereit.

Während der darauffolgenden *Plateauphase* schwellen die in- neren Venuslippen, der G-Punkt sowie die Klitoris weiter an, und die Klitorisperle zieht sich unter die Vorhaut zurück. Die Farbe der inneren Venuslippen kann sich von Pink zu Rot oder Weinrot verändern. Während dieser Phase sind der G-Punkt, die Klitorisperle und alle Schwellkörper in diesem Bereich mit Blut gefüllt. Das macht nicht nur optisch einen Unterschied, sondern die gute Durchblutung erhöht auch die Empfindlichkeit. Ihre Genitalien sind daher nun für eine gezielte Stimulation sehr empfänglich! Auf den Illustrationen siehst du die Veränderung der Klitoris. Beobachte deine Partnerin, und du wirst deutliche Unterschiede feststellen!

Die Erregungsphasen sind nicht unbedingt klar unterscheidbar, möglicherweise gehen sie nahtlos ineinander über und verlaufen bei jedem Sex oder bei jeder Selbstbefriedigung anders.

Spätere Forschungen haben auch nachgewiesen, dass die Län- ge der Phasen ganz unterschiedlich sein kann. Deine Partnerin hat vielleicht eine sehr ausgedehnte Erregungsphase, bis sie sich der Plateauphase nähert. Oder sie ist sehr schnell erregt und hat dann aber eine längere Plateauphase. Eine Frau, die solch eine längere Plateauphase erlebt, versucht vielleicht, mit Anstrengung einen Orgasmus zu erreichen. Das macht in der Regel keinen Spaß und fühlt sich wie Arbeit an. Selbst wenn sie den Orgasmus erreicht, bereitet er oft wenig Genuss. Ermutige sie daher, sich zu entspannen, weiter auf den verschiedenen Wellen zu reiten und mehr von dem zu machen, was guttut. Es kann sie unterstützen, wenn du deutlich sagst, dass du von ihr keinen Orgasmus erwartest als Belohnung für deine »Arbeit«. Denk daran, dass deine Partnerin die sexuelle Erregung ganz und gar unterschiedlich erleben kann. Dafür gibt es keine Norm.

Die Plateauphase baut sich so lange auf, bis die Frau das Ge- fühl hat, *am Rand einer Klippe* zu stehen. In dieser Phase ist es gut, die Stimulation nicht plötzlich zu verändern, sondern einfach mehr von dem zu tun, was gerade gut funktioniert.

Wenn die Erregung dann noch weiter steigt, erlebt sie einen *Orgasmus* …

… und danach die *Rückbildungsphase*, in der das Blut wie beim Mann aus den Schwellkörpern abfließt, nur viel langsamer.

Bei *multiplen Orgasmen* setzt eine wellenförmige Bewegung ein, die sich auch noch nach oben steigern kann.

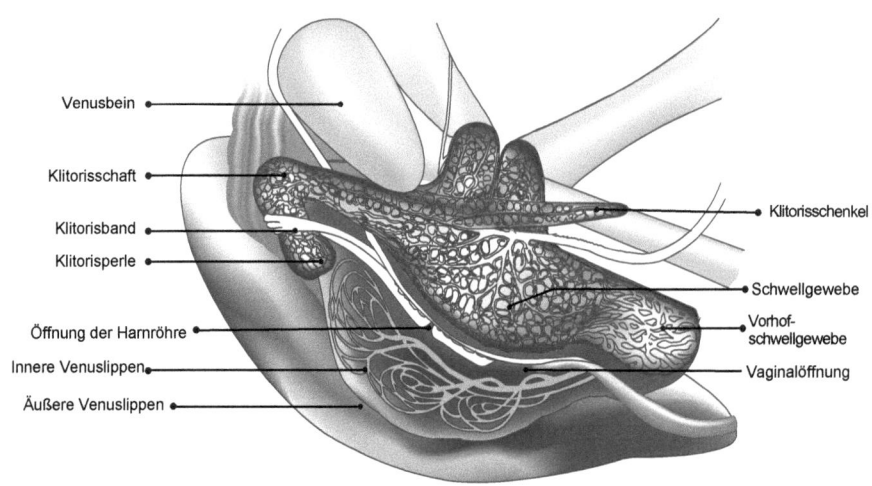

Venusbein

Klitorisschaft

Klitorisband

Klitorisperle

Öffnung der Harnröhre

Innere Venuslippen

Äußere Venuslippen

Klitorisschenkel

Schwellgewebe

Vorhof-schwellgewebe

Vaginalöffnung

Das Innere der Klitoris im Seitenschnitt – hier im Ruhezustand

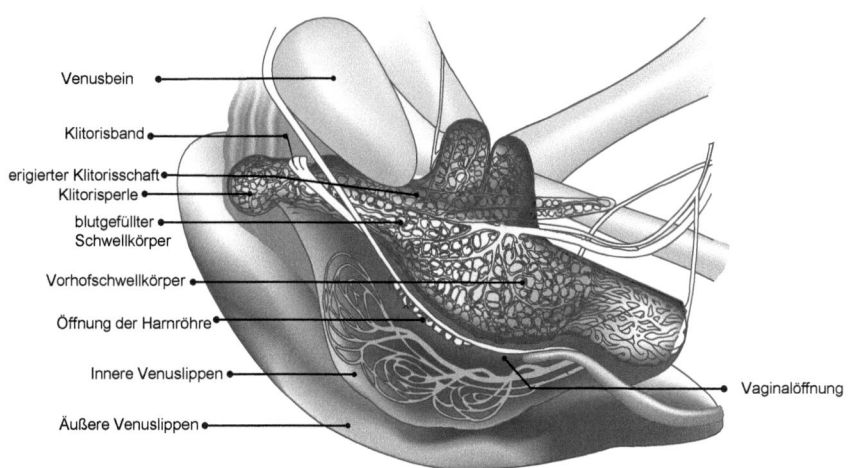

Venusbein

Klitorisband

erigierter Klitorisschaft
Klitorisperle

blutgefüllter
Schwellkörper

Vorhofschwellkörper

Öffnung der Harnröhre

Innere Venuslippen

Äußere Venuslippen

Vaginalöffnung

Das Innere der Klitoris bei Erregung: Die Klitorisperle richtet sich auf.

● Vorbereitungen

Guter Sex muss nicht unbedingt immer spontan sein, und auf jeden Fall kannst du einige Dinge tun, um dich grundsätzlich gut vorzubereiten. Insbesondere G-Punkt-Sex wird besser, wenn du darauf vorbereitet bist und alles Nötige zur Hand hast.

Ich erläutere hier auch noch mal einige für mich grundsätzliche Punkte, weil man sie einfach nicht oft genug erwähnen kann.

Damit es wie geschmiert läuft

Zur G-Punkt-Stimulation wirst du in die Vagina deiner Partnerin eindringen: mit deinen Fingern, einem Toy oder dem Penis. Sorge daher dafür, dass die Vagina dich willkommen heißt! Dringe nie plötzlich und ohne Vorbereitung ein und prüfe, ob sie angenehm feucht ist, sodass keine schmerzhafte Reibung entsteht.

Die Vagina produziert während des Erregungsprozesses Feuchtigkeit, jedoch kann die Menge dieser Feuchtigkeit sehr stark variieren. Manche Frauen werden richtig nass, manche nur ein wenig feucht. Es gibt viele Faktoren, die beeinflussen, wie viel Feuchtigkeit ihr Körper produzieren kann, zum Beispiel Ernährung, Bewegung, Stress, Flüssigkeitszufuhr, Kaffee- oder Alkoholkonsum, Rauchen sowie Medikamente wie Antihistaminika, die Pille oder Antibiotika. Auch eine Veränderung des Hormonspiegels kann die Feuchtigkeit reduzieren: Menstruationszyklus, Schwangerschaft, Geburt, Stillen, Menopause oder eine Hormonstörung (zum Beispiel eine Schilddrüsenunterfunktion) können beeinflussen, wie feucht sie wird.

Verschiedene Produkte für die Frauenhygiene wie Spülungen, Tampons, Sprays und aggressive Seifen können das empfindliche Gewebe austrocknen und die Feuchtigkeitsbildung mindern.

Werte also nicht den Grad ihrer Feuchtigkeit als ein Zeichen dafür, ob sie den Sex mit dir liebt oder sexuell bereit ist.

Dein Freund, das Gleitmittel

Ein Gleitmittel kann wertvolle Dienste leisten und nicht nur ergänzen, was der Körper vielleicht gerade selbst nicht bildet, sondern darüber hinaus mehr Dinge ermöglichen als der Körper allein, und es ist in Mengen verfügbar, die der Körper nie selbst herstellen könnte.

Gerade wenn ihr länger Sex habt, ist ein Gleitmittel unerlässlich, da der Körper der meisten Frauen nicht ständig Feuchtigkeit nachproduziert. Außerdem kannst du das Gleitmittel an jeder Stelle auftragen – auch dort, wo der Körper kein Gleitmittel produziert: zum Beispiel an den Venuslippen und an diversen anderen Stellen. Auch der Po produziert grundsätzlich keine eigene Feuchtigkeit, daher ist ein Gleitmittel für anale Spiele absolute Pflicht.

Auch wenn es nicht direkt um vaginale oder anale Penetration geht: Die trockene Haut deiner Finger oder ein trockenes Sextoy an den zarten, empfindlichen Schleimhäuten der Genitalien ist ganz einfach kein Genuss und kann Reizungen und Irritationen verursachen – und damit den Sex früher beenden, als du willst. Also, nutze Gleitmittel!

Kleine Gleitmittelkunde

Das Gleitmittel sollte sich auf und in euren Genitalien unbedingt gut anfühlen. Falls es bei einem von euch zu jucken oder brennen beginnt, die Haut sich rötet oder irgendwie gereizt anfühlt, ist das möglicherweise eine allergische Reaktion gegen einen oder mehrere Inhaltsstoffe.

Jeder Körper reagiert auf jedes Gleitmittel anders. Sei nicht entmutigt, wenn das erste Gleitmittel-Abenteuer in der Dusche endet, wo es abgewaschen wird, weil es sich gar nicht gut anfühlte. Dann hast du einfach noch nicht das richtige gefunden.

Das richtige Gleitmittel ist eine sehr persönliche Auswahl. Am besten gehst du zu einem seriösen Sexshop oder besuchst einen Online-Sexshop (siehe Anhang), wo du kleine Proben von verschiedenen Marken erhältst, die du zu Hause ausprobieren kannst. Wenn du Sexshops nicht magst: Viele Drogerien bieten inzwischen auch eine kleine Auswahl an Gleitmitteln bei den Kondomen an. Am Ende sind es vielleicht mehrere, die dir zusagen, oder eines für äußere Stimulation und Geschlechtsverkehr und ein anderes für Analspiele.

Lies das Etikett genau durch, denn Gleitmittel ist nicht gleich Gleitmittel, es gibt ziemlich große Unterschiede. Hier eine kleine Gleitmittelkunde, damit du das richtige für dich findest.

Pflanzliche Massageöle

Meine erste Wahl sind hochwertige naturbelassene Pflanzenöle. Ganz praktisch nach dem Motto: Etwas, das ich essen würde, würde ich auch auf meine Haut lassen. Das klingt vielleicht erst einmal übertrieben, ist jedoch gar nicht so weit hergeholt: Die Schleimhäute an den Genitalien transportieren Inhaltsstoffe schnell in die Blutbahnen, daher lohnt es sich, genau darauf zu achten, mit was die Schleimhäute in Berührung kommen.

Massageöl gibt es in vielen unterschiedlichen Varianten. Es ist für den Laien schwierig, die Inhaltsstoffe auseinanderzuhalten, daher rate ich grundsätzlich dazu, reine Pflanzenöle wie Mandelöl oder Jojobaöl und Ähnliches zu nehmen, am besten in Bioqualität. Auch Mischungen auf der Basis solcher Öle sind okay.

Für den guten Geruch werden gerne ätherische Öl zugesetzt, diese sind zum Teil auch sehr pflegend, lösen aber bei manchen Menschen Allergien aus. Daher: unbedingt ausprobieren!

Viele Babyöle sind gut. Achte unbedingt darauf, dass kein Mineralöl enthalten ist (dazu später mehr).

Pflanzenöl hat den Vorteil, dass es sehr pflegend ist und langsam in die Haut einzieht (und nicht wie Silikongleitmittel einen Film auf der Haut hinterlässt, der nur schwer wieder abzubekommen ist). Überschüssiges Öl kann leicht mit Seife abgewaschen werden. Zudem ist es ein natürlicher Rohstoff – für alle, die es gerne ökologisch mögen.

Empfindliche Menschen, die schnell allergisch reagieren, haben bei naturbelassenem Öl die wenigsten Probleme.

Öl greift jedoch Latex an, also sind die normalen Kondome und Latex-Handschuhe im Zusammenhang mit Massageöl unbrauchbar (siehe Gleitmittel auf Mineralölbasis)!

Daher unbedingt Nitril-Handschuhe und Kondome aus Polyurethan verwenden.

Ein weiterer Nachteil ist, dass Öl Flecken hinterlässt, die allerdings bei 40 bis 60 °C wieder auswaschbar sind.

Noch eine kurze Bemerkung für Menschen, die es trotzdem mit dem Latex ausprobieren möchten: Das Öl zersetzt Latex nicht sofort sichtbar vor deinen Augen. Anfangs entstehen mikroskopisch kleine Löcher, und erst nach einer Weile wird das Material hart und brüchig. Solche kleinen Veränderungen im Material können ein Kondom jedoch schneller reißen lassen.

Gleitmittel auf Wasserbasis

Wasserbasierte Gleitmittel findest du inzwischen in vielen Drogerien und das sogar in einer kleinen Auswahl.

Gleitmittel auf Wasserbasis hinterlassen keine Flecken auf Stoff und sind leicht abzuwaschen. Sie können mit jedem Sextoy-Material kombiniert werden und sind auch für Kondome mit und ohne Latex geeignet.

Es gibt sie sehr dünnflüssig, etwas gelartig dickflüssiger und alles dazwischen. Du kannst also je nach Bedarf entscheiden, ob sie sich eher von allein verteilen sollen (dünnflüssig) oder lieber an der Stelle bleiben, wo du sie aufgetragen hast (gelartig).

Die häufigste Beschwerde über diese Art von Gleitmittel ist, dass sie mit der Zeit klebrig und trocken werden, da ihr Wasseranteil von der Haut aufgesogen wird. Du musst daher zusätzlich mehrmals Speichel, Wasser oder noch mehr Gleitmittel auftragen, und schlimmstenfalls wird das Ganze krümelig, wenn es ganz austrocknet. Außerdem brauchst du grundsätzlich eine größere Menge.

Viele auf Wasser basierende Gleitmittel enthalten Glyzerin, das dem Gleitmittel hilft, seine Konsistenz zu bewahren. Da Glyzerin aber eine Art von Zucker ist und Pilze sich von Zucker ernähren, sind manche Frauen der Meinung, dass diese Gleitmittel Pilzinfektionen verursachen können.

Wenn deine Partnerin besonders anfällig für Infektionen ist oder merkt, dass sie nach dem Sex mit einem auf Wasser basierenden Gleitmittel Symptome entwickelt, solltet ihr auf ein glyzerinfreies Gleitmittel umsteigen.

Auch Parabene stehen in Verdacht, gesundheitlich bedenklich zu sein. Du erkennst sie an den Inhaltsstoffen Benzyl-, Butyl-, Ethyl-, Isobutyl-, Methyl- und Propyl-...

Natürliche, glyzerinfreie und biologische Gleitmittel

Wenn Biolebensmittel, warum dann nicht auch Biogleitmittel? Natürliche und biologische Gleitmittel sind frei von Glyzerin, Parabenen und chemischen Stoffen und enthalten Pflanzenextrakte, zum Beispiel Aloe vera. Es gibt sogar vegane Gleitmittel.

Ein möglicher Nachteil ist eine kürzere Haltbarkeit, da auf chemische Zusätze verzichtet wird. Achte also immer auf das Verfallsdatum.

Gleitmittel auf Silikonbasis

Ganz anders fühlen sich die Gleitmittel auf Silikonbasis an: Sie legen sich als eine sehr dünne, sehr gleitfähige Schicht auf die Haut und bleiben auch lange gleitfähig. Sie sind teurer in der Anschaffung, doch du brauchst sehr wenig davon. Silikongleitmittel sind meist geschmacklos, unparfümiert und kleben nicht.

Sie können sowohl mit Kondomen verwendet werden als auch mit vielen Sextoy-Materialien wie (Plexi-)Glas, Acryl, Hartplastik, Stein und Metall. Sie sind jedoch nicht mit CyberSkin oder Sextoys aus Silikon verträglich und würden deren Oberfläche angreifen (um das Spielzeug zu schützen, kannst du ein Kondom darüberziehen oder ein anderes Gleitmittel verwenden).

Silikongleitmittel sind wasserfest und daher perfekt für den Sex unter der Dusche oder für Spiele in der Badewanne.

Sie sind außerdem sehr dünnflüssig und verteilen sich schnell, bleiben aber auch nicht an der Stelle, an der du sie aufgetragen hast. Besonders bei Analsex musst du daher aus Hygienegründen aufpassen, wo sie sonst noch so hinfließen.

Der Nachteil dieser Gleitmittel ist, dass sie Flecken hinterlassen, die bei 30°-Feinwäsche oft nicht herauszuwaschen sind – schade um die schöne Spitzenunterwäsche.

Manche Menschen finden den hartnäckigen Film, den sie auf der Haut hinterlassen, nicht so angenehm. Dieser lässt sich jedoch mit Seife oder Duschgel wieder gut entfernen. Silikon zieht nicht in die Haut ein.

Hybrid-Gleitmittel: das Beste aus zwei Welten

Es gibt Gleitmittel auf Wasser- und Silikonbasis. Sie verbinden die Vorteile des glyzerinfreien Gleitmittels auf Wasserbasis (leicht zu reinigen, hinterlässt keine Flecken) mit der längeren Gleitfähigkeit des Silikongleitmittels. Sei auch hier vorsichtig bei der Kombination mit Silikon-Toys und verwende im Zweifelsfall ein Kondom.

Zusätzlich gibt es eine Reihe von Gleitgels mit besonderen Eigenschaften. Sei damit vorsichtig und trage sie nicht gleich großzügig auf die Schleimhäute auf. Durch ihre speziellen Inhaltsstoffe können sie eher Allergien oder Reizungen verursachen. Falls ein Gleitgel sich nicht angenehm anfühlt, geht am besten sofort unter die Dusche und wascht es ab; es gibt genügend Alternativen, und du findest sicher etwas Passenderes!

Manche mögen's heiß: wärmende Gleitmittel

Ist es schon so weit, dass du Rheumasalben verwendest? Nicht ganz, aber es gibt Gleitmittel, die bei Körperkontakt ein Wärmegefühl erzeugen. Sie sollen die Durchblutung ankurbeln und erzeugen vielleicht ein angenehmes Kribbeln – manche Menschen finden das sehr erregend. Aber wie gesagt: Gleitgels sind Geschmackssache.

Mmh ... lecker: Gleitmittel auf Wasserbasis mit Geschmack

Manche Gleitgels gleiten nicht nur gut, sondern sie schmecken auch noch lecker! Wer Oralsex mag, sollte Gleitgele mit Geschmack ausprobieren. Viele herkömmliche Gleitgele schmecken nicht sehr gut, und es wäre doch schade, wenn euch beiden die Lust auf Oralsex wegen eines übel schmeckenden Gleitgels vergeht? Es gibt von verschiedenen Firmen eine große Auswahl an Geschmacksrichtungen.

Nachteil dieser Gleitgele ist, das sie sehr künstlich schmecken und so gar nichts mit dem natürlichen Körpergeruch oder -geschmack zu tun haben. Für manche Menschen ist das irritierend.

Eine Alternative für Gleitmittel mit Geschmack sind pflanzliche Öle (siehe Massageöle). Probiert verschiedene Öle aus und macht eine offizielle Testreihe! Sex ist nichts Ernstes.

Gleitmittel, die du am besten links liegen lässt

Gleitmittel und Massageöle auf Mineralölbasis

Viele auf Öl basierende Gleitmittel oder auch ganz normale Bodylotionen, Vaseline, Melkfett oder Babyöl enthalten Mineralöl in Kombination mit anderen Zusatzstoffen. Du erkennst das an dem Inhaltsstoff »Paraffin«, »Petrolatum« oder »Mineral oil«.

Mineralöl steht als Inhaltsstoff von Kosmetika grundsätzlich im Verdacht, krebserregende Stubstanzen zu enthalten, und je empfindlicher die Haut, desto leichter finden die Inhaltsstoffe ihren Weg in die Blutbahn. Merke: Mineralöl gehört in den Motor, nicht in die Vagina.

»Funktions«-Gleitmittel und -Cremes

Manche Gleitmittel werben mit Effekten wie »länger hart« oder »entspannter Analsex«. Die Wahrheit ist: Diese Gleitmittel enthalten Benzocain oder andere örtliche Betäubungsmittel. Sie betäuben, was auch immer sie berühren: deinen Penis, ihre Vagina, den Anus, deine Finger. Ich halte Betäuben für eine ganz schlechte Idee, schließlich möchtest du ein großartiges Erlebnis haben, und dazu musst du fühlen, nicht abstumpfen. Zusätzlich können die Inhaltsstoffe die Vagina und den Penis reizen, und dann ist der Sex eher kürzer als länger.

Eine andere Art von Mittel nutzt die adstringierende Wirkung von Aluminiumchlorid und wird etwa beworben mit »engere Vagina«. Diese Gleitmittel enthalten einen Stoff, welcher der obersten Schicht der Schleimhaut das Wasser entzieht. Die Zellen beginnen daraufhin anzuschwellen, um die feinen Röhren, durch die das Wasser normalerweise fließt, zu schließen. Dieses Prinzip wird auch in Deodorants genutzt, um den Schweißfluss zu verringern. Alles in allem keine so gute Idee, denn wir wollen ja gerade, dass sich mehr Flüssigkeit ansammelt.

Safer Sex

Wann wäre es wirklich okay, *keinen* Safer Sex zu machen? Bist du ehrlich mit dir, weißt du die Antwort: wenn du mit deiner Partnerin auf einer einsamen Insel lebst und zuvor auf alle möglichen Geschlechtskrankheiten negativ getestet wurdest, zum Beispiel auf Gonorrhö, Chlamydien, Syphilis, Herpes, Humane Papillomviren, Hepatitis und HIV. Am nächsten kommt dem die monogame Beziehung, bei der du deiner Partnerin vertraust und ihr beide ausschließlich miteinander ungeschützten Sex habt.

Lebst du jedoch nicht monogam, hast häufig neue Partner, du und/oder deine Partnerin wurden nicht getestet oder du bist dir nicht sicher, dann solltest du unbedingt Safer Sex praktizieren. Es gibt viele praktische Schutzmaßnahmen, die dich und deine Partnerin vor Körperflüssigkeiten einschließlich Samen- und Vaginalflüssigkeit, weiblichem Ejakulat, Darmbakterien und Menstruationsblut schützen.

Ich weiß, dass das Thema von vielen gern verdrängt wird oder dass du vielleicht denkst, mit Kondomen sei alles erledigt und du bräuchtest nicht weiter darüber zu sprechen. Meine Meinung: Zu gutem Sex gehört gute Kommunikation, auch über Safer Sex!

Was für ein Aushängeschild ist es denn für dich, wenn du hier nicht die richtigen Worte findest oder dich nicht traust, deine Partnerin lebenswichtige Dinge zu fragen?

Ich schlage vor: Betrachte es eher als Herausforderung, Safer Sex gut zu integrieren, anstatt als lästige Pflicht. Schließlich geht es dabei um dein Leben und deinen Körper und natürlich auch um ihren Körper und ihr Leben.

Der Kick, den dir das Risiko gibt, mag super sein, doch dafür gibt es Bungee-Sprünge. Und bei denen kannst du das Adrenalin erleben, ohne für den Rest deines Lebens mit schmerzhaften Bläschen am Penis dafür zu bezahlen, wann immer du Stress hast (das wäre dann zum Beispiel Herpes). Einige der übertragbaren Krankheiten sind bis heute nicht heilbar, das heißt, sie lassen sich vielleicht unterdrücken, wenn du regelmäßig Medikamente nimmst, können jedoch immer wieder ausbrechen, so wie Herpes und genitale Warzen. Andere, wie Chlamydien, verursachen bei dir selbst vielleicht keinerlei Symptome, können deine Partnerin jedoch unfruchtbar machen, wenn sie nicht rechtzeitig behandelt werden.

Wenn du Safer Sex nicht als lästige Pflicht, sondern als »Extrazutat« beim Sex betrachtest und dabei die Führung übernimmst, kann deine Partnerin sich entspannen.

In Deutschland kannst du dich übrigens beim örtlichen Gesundheitsamt kurzfristig auf HIV testen lassen. Es kostet eine kleine Gebühr und dauert ungefähr eine Stunde, bis du das Ergebnis hast. Für Tests auf andere sexuell übertragbare Krankheiten musst du zum Allgemeinarzt oder zum Urologen gehen. Die meisten Krankheiten werden über eine Blutabnahme getestet. Eventuell musst du den Test selbst bezahlen, eine Behandlung gegebenenfalls aber nicht.

Ich weiß, dass weibliches Ejakulat weniger sexuell übertragbare Erreger enthält als zum Beispiel Samenflüssigkeit oder Blut, aber es handelt sich dennoch um eine Körperflüssigkeit und könnte daher eine gewisse Menge an Erregern enthalten. Beim Safer Sex kannst du dich mit Kondomen, Handschuhen oder anderen Maßnahmen schützen, falls deine Partnerin ejakuliert.

Hier also meine Praxistipps für Safer Sex:

Handschuhe

Handschuhe gibt es aus verschiedenen Materialien und in verschiedenen Farben. Wenn's schnell gehen soll, gibt es in der Apotheke oder Drogerie transparente Latexhandschuhe. Der Versandhandel bietet schwarze (oft für die Tattoo-Shops angepriesen), grüne (Doktorspiele!), lilafarbene (süüüß?!) und andere an. Wer suchet, der findet …

Latex verträgt sich nicht mit Pflanzenöl, wie ich zuvor schon beschrieben habe. Alternativen dazu sind Handschuhe aus Vinyl und Nitril, die nicht ganz so dehnbar sind wie Latex und daher nicht so glatt an den Fingern sitzen.

Alle Handschuhe gibt es in verschiedenen Größen, »L« ist bei vielen Männern die passende Größe.

Vielleicht hast du noch nie solch einen Handschuh getragen, und es fühlt sich ungewohnt an, doch hier ein Vorteil, den du womöglich nicht gleich als solchen erkennst: Die Oberfläche ist viel glatter als die deiner Haut, und ein Handschuh mit Gleitgel gleitet viel besser als deine Hand und fühlt sich für deine Partnerin gut an.

Kleiner Tipp am Rande: Probier einmal, mit einem Handschuh zu masturbieren. Ich habe gehört, dass es sich wie eine fremde Hand anfühlt ...

Kondome

Verwende Kondome für jeden vaginalen oder analen Geschlechtsverkehr. Übe zunächst allein, ein Kondom überzuziehen, damit es im Ernstfall einfacher für dich ist. Aus Erfahrung kann ich sagen: Nicht das Kondom ist peinlich, sondern der Mann, der sich offensichtlich von dem Kondom stören lässt oder damit nicht umgehen kann.

Wenn ihr euch schon etwas besser kennt, lass zur Abwechslung deine Partnerin die Führung übernehmen und das Kondom über deinen Penis streifen.

Kondome mit Noppen und Rippen, gerade sehr ausgeprägte, haben oft einen höheren Spaßfaktor beim Angucken, machen jedoch wenig Unterschied im Gefühl und gehen schneller kaputt.

Kondome ohne Gleitmittel kannst du mit dem Gleitmittel deiner Wahl verwenden – oder auch ohne. Gerade wenn ihr Oralsex macht, ist es oft besser, das Gleitmittel selbst auszuwählen, damit es auch schmeckt.

Falls sich ein Kondom für dich schlecht anfühlt, probiere eine andere Marke. Es gibt Unterschiede in Größe, Form und Textur, und erfahrene Männer haben meistens ihre Lieblingsmarke.

Für den Fall, dass du oder deine Partnerin empfindlich oder allergisch auf Latex reagiert, verwendet unbedingt ein latexfreies Kondom. Viele Männer empfinden diese im Vergleich zu Latexkondomen als angenehmer, sie sind jedoch deutlich teurer.

Auch hier gilt: Sei dir das Beste wert, was du für dich findest. Schlampig ausgesuchte Kondome, die dir nicht gut passen oder deren Beschichtung für dich schlecht riecht, können dir beziehungsweise euch den Spaß ordentlich verderben.

Safe Sextoys

Sextoys sind eine recht persönliche Sache und auch nicht jedermanns Geschmack. Bevor du deine Sammlung stolz deiner Partnerin zeigst, überlege dir, welchen Eindruck du damit womöglich bei ihr hinterlässt. Vielleicht willst du also erst mal nur ein Spielzeug hervorholen.

Auf alle Fälle ist es gut, wenn dieses Spielzeug dann sauber und zum Beispiel in einem schönen Beutel verstaut ist. Es sollte unbedingt hygienisch aussehen, denn welche Frau will sich schon etwas reinstecken (lassen), an dem Staub und vielleicht die Körperflüssigkeiten einer anderen Frau kleben?

Befolge immer die Reinigungsanleitung des Herstellers.

Wenn dein Sextoy aus porösem Material wie Gummi, PVC, Vinyl, Jelly oder CyberSkin besteht, dann lass es auf keinen Fall von verschiedenen Personen mitbenutzen, solange nicht vorher ein Kondom darübergezogen wird.

Wenn dein Sextoy aus nicht porösem Material wie Hartplastik, Silikon, Acryl, Glas oder Metall besteht, kannst du es bedenkenlos mit anderen Personen teilen, solange es für jede neue Partnerin gut gereinigt wird. Du kannst aber auch über solche Spielzeuge ein Kondom ziehen.

Achte darauf, dass dein Gleitmittel nicht das Sextoy angreift, denn so kann eine geschlossene Oberfläche plötzlich porös werden. Mehr dazu im Kapitel über Toys.

Ein paar Worte zu deiner Wohnung ...

Für jedes Date, das bei dir zu Hause enden soll, gilt es, einige praktische Vorbereitungen zu treffen. Manches von dem, was ich nenne, mag trivial erscheinen, doch besser einmal zu viel erwähnt als einmal zu wenig.

Gaaanz Grundsätzliches: Frauen mögen saubere, aufgeräumte Wohnungen. Falls du sie also mit zu dir nehmen willst, sorge dafür, dass die Bude aufgeräumt und das Bett frisch bezogen ist. Bestelle eine Putzfrau, falls Hausarbeit jenseits deiner Fähigkeiten liegt. Oder mach einen Deal mit einem Freund: Er hilft dir heute, du hilfst ihm dafür ein anderes Mal.

Du wirst staunen, wie schnell es eigentlich geht, wenn du erst einmal angefangen hast. Natürlich nur, wenn du nicht anfängst, deine DVD-Sammlung neu zu sortieren ...

Vor allem das Bad sollte tipptopp sein, denn das ist deine Visitenkarte. Und: Angebrochene Kosmetika oder halbleere Frauenparfüms können Verwirrung stiften, ebenso ein Becher voller Zahnbürsten – es sei denn, du wohnst in einer großen WG.

Es schadet auch nichts, für alle Fälle immer einen Sekt im Kühlschrank und eine Tiefkühlpizza im Gefrierfach zu haben. Die Milch, die vor drei Wochen abgelaufen ist, bitte unbedingt entsorgen, bevor sie im Morgenkaffee der Angebeteten landet.

Schokolade, am besten von guter Qualität, im Haus zu haben und im richtigen Moment daran zu denken ist schon etwas für Fortgeschrittene.

Dreckwäsche kann in beliebigen Mengen in mehr oder weniger großen Wäschebehältern gesammelt werden, um dort geduldig zu warten, anstatt großflächig über die ganze Wohnung verteilt zu sein und einen schlechten Eindruck zu hinterlassen. Es sollten aber ein paar saubere Handtücher übrig sein, insbesondere für G-Punkt-Sex.

Eine gut gestylte Wohnung wird fast jede Frau positiv beeindrucken, doch das ist nicht jedermanns Sache. Worauf du aber definitiv nicht verzichten solltest, ist dimmbares Licht. Es reicht ein einfacher Deckenfluter mit Dimmschalter oder eine normale Stehlampe, bei der du zusätzlich einen Dimmer zwischenschaltest. Die gibt es bei Ikea, also keine Ausreden mehr, Hauptsache dimmbar! Zusätzlich ein paar Kerzen – die haben jedoch immer den Nachteil, dass sie an- und ausgemacht werden müssen und sich verbrauchen.

Auch noch wichtig: Vorhänge oder Jalousien im Schlafzimmer. Muss ich mehr sagen?

Musik ist ein anderer Punkt. Musik sorgt für eine angenehme Stimmung, ist aber auch gut als ausgleichende Hintergrundbeschallung geeignet, insbesondere wenn es ablenkende Geräusche gibt, zum Beispiel Mitbewohner oder Nachbarn, Türenklappen, Rumlaufen und so weiter.

Sorg dafür, dass du lange Playlisten hast, denn eine CD auf Dauerwiederholung kann ganz schön nerven.

Am besten hast du eine Auswahl parat, weil Musik bekanntlich Geschmackssache ist.

Praktische Vorbereitungen für G-Punkt-Sex

Wenn du G-Punkt-Sex haben willst, gibt es drei Dinge, die du unbedingt vorbereiten solltest:

Sorge zunächst dafür, dass du vorbereitet bist für den Fall, dass sie ejakulieren sollte. Profis haben wasserfeste Bettlaken, die es mit einer angenehmen Baumwolloberfläche gibt und die von normalen Bettlaken nicht zu unterscheiden sind. Ansonsten sind dicke, große Handtücher gut. Dann müsstest du ihr allerdings unbedingt vorher sagen, was du vorhast, sonst wirkt es sehr merkwürdig, wenn du sie bittest, auf dem ausgebreiteten Handtuch Platz zu nehmen. (Mehr Tipps findest du im Kapitel »Noch mehr Wissenswertes«.)

Und falls sie sagt, dass sie nicht ejakuliere oder noch nie ejakuliert habe, ist es dennoch gut, für alles gerüstet zu sein. Wie du später noch lesen wirst, ist eine der Haupthemmungen, die Frauen bei G-Punkt-Experimenten haben, dass sie befürchten, unkontrolliert pinkeln zu müssen.

Das Zweite, worauf du achten solltest, ist Gleitmittel (mehr dazu unter diesem Link). Habt ihr noch nie Gleitmittel miteinander ausprobiert, ist es sinnvoll, mindestens zwei bis drei verschiedene zur Auswahl zu haben. Nicht jede Vagina mag jedes Gleitgel, und sollte es zu brennen beginnen, ist der Spaß schnell vorbei.

Safer-Sex-Handschuhe und -Kondome sollten ebenfalls vorhanden sein.

Sorg dafür, dass alles gut (vom Bett aus!) erreichbar ist und du nicht erst aufstehen oder wühlen musst.

Übrigens: Frauen achten auf Kleinigkeiten. Wie du beispielsweise das Gleitmittel, die Kondome und Handschuhe aufbewahrst, sagt der Frau viel über deine Qualitäten als Liebhaber. Ist es eine aufgerissene Packung, eine verschmierte Gleitgelflasche, eine zerknitterte Plastiktüte, eine mit allem Möglichen vollgestopfte Schublade? Du entscheidest ...

● Mentale Vorbereitung – dein Inner Game

Mit »Inner Game« meine ich hier die Gesamtheit deiner Einstellungen, Erfahrungen und Muster sowie der Dinge, die du dir über dich selbst erzählst – sozusagen deine Innenwelt, deine innere Haltung.

Wie dir vielleicht schon bewusst ist, spielt deine innere Haltung eine ganz entscheidende Rolle dabei, wie du das Außen um dich herum erlebst, wie dein Leben läuft, wie viel Einfluss du selbst auf dein Leben nimmst und wie groß deine Bandbreite an Handlungsmöglichkeiten ist.

Über das Inner Game umfassend zu schreiben, würde den Rahmen dieses Buches absolut sprengen. Ich möchte jedoch die wichtigen Aspekte, die besonders den G-Punkt betreffen, für dich klären.

Egal, wie oft ihr schon Sex miteinander hattet: G-Punkt-Sex ist etwas Besonderes, und gerade, wenn du sie mit deinen Händen und/oder einem Spielzeug stimulierst, ist es etwas ganz anderes, als wenn ihr miteinander schlaft.

Der G-Punkt ist nicht nur ein Medien-Hype, sondern auch eine Art Mysterium und eventuell etwas unheimlich – sowohl für Frauen als auch für Männer. Denk daran, wenn du deine Partnerin zu G-Punkt-Experimenten einlädst oder damit beim Sex beginnst, weil es deiner Meinung nach gerade so gut passt.

Um den G-Punkt-Sex zu einer schönen Erfahrung zu machen, kommt es nicht nur auf die richtige Technik an, sondern auch auf deine Einstellung. Wie bei allem im Leben wird die Erfahrung besser, wenn du dich darauf freust, dich gut vorbereitest und wertschätzt, was du erlebst. Spaß aneinander und eine positive Einstellung sind ein riesiger Vorteil bei allem, was du tust.

Respekt ist das A und O

Warum schreibe ich das hier? Nun, ich beobachte immer wieder, dass Männer zwar gern Sex haben, aber trotzdem nicht immer die respektvollste Einstellung Frauen gegenüber. Je weniger du eine Frau respektierst, desto weniger kann (und wird) sie dir vertrauen und desto weniger wird sie bereit sein, Neues mit dir auszuprobieren (oder überhaupt Sex mit dir zu haben). So machst du es dir daher selber schwer.

Warum also nicht die Frau ernsthaft respektieren? Nun, das kann viele Gründe haben, und die meisten davon sind tiefenpsychologisch bedingt. Hier nur kurz ein paar Punkte.

Manche Männer haben so viele Abweisungen von Frauen erfahren, dass sie ihren Frust unbewusst in Ablehnung umwandeln. Da Frauen natürlich trotzdem interessant für sie bleiben, gibt es nun einen (inneren) Konflikt. Auf diese Art und Weise senden sie sehr unterschiedliche Signale an die Frau.

Manche Männer tun das Gleiche nach einer schmerzhaften Trennung oder nach der Erfahrung, betrogen worden zu sein.

Andere Männer wollen den »Alpha-Status« erreichen, der Rudelführer sein, und wählen die Abkürzung, wenn sie das nicht durch innere Größe und echte Leistung erreichen können: Sie werten andere, insbesondere Frauen, ab oder schätzen sie gering, um sich selbst darüberzustellen und aufzuwerten.

So eine Einstellung, geprägt von mangelnder Wertschätzung und verdrängtem Ärger, führt allerdings zu Beziehungen, die von Drama und Enttäuschungen geprägt sind.

Welcher Grund auch immer: Räum dein Inner Game auf! Mit der Frau, die du jetzt vor dir hast, kannst du die besten Erfahrungen machen, wenn du sie mit Respekt und voller Aufmerksamkeit behandelst und offen für alles bist. Auf Augenhöhe können eine gute Verbindung und Nähe entstehen. Achte auf deine Wünsche im Hier und Jetzt, und lass dich nicht von Mustern lenken, die durch vergangene Erfahrungen entstanden sind.

Es gibt verschiedene andere gute Bücher und Workshops zum Thema »Inner Game«. Wie du es auch anstellst, auf lange Sicht kommst du nicht umhin, dich um dein Inner Game zu kümmern – es sei denn, du willst, dass alles so bleibt wie bisher, aber dann würdest du vermutlich nicht dieses Buch lesen.

Die inneren Muster, die du über die Zeit angesammelt hast, bestimmen deine Wahrnehmung der Realität, wenn nicht gar deine Realität selbst. Diese Muster sind in der Regel nicht bewusst und auch nicht bewusst gewählt; sie schalten sich ein, sobald eine Erfahrung oder eine Situation ihren Trigger auslöst – und auch das ist dir wiederum meistens nicht bewusst. Einige Muster haben sich so tief eingegraben, dass du sie für Wahrheiten hältst und vergisst, dass andere Menschen dieselben Tatsachen ganz anders interpretieren können.

Meiner Erfahrung nach ist die Neurolinguistische Programmierung (NLP) ein sehr gutes Mittel, das schnell Erfolge zeigt, um an deinem Inner Game zu arbeiten. Es stellt dir unabhängig von philosophischen oder religiösen Überzeugungen Werkzeuge zur Verfügung, mit deren Hilfe du dein Inner Game aufräumen und deine Muster und Überzeugungen selbst gestalten kannst, anstatt sie frühkindlichen Prägungen, negativen Erfahrungen oder zufällig aufgeschnappten Glaubenssätzen zu überlassen.

Ich möchte dieses Kapitel mit einem schönen Vergleich beenden. Michelangelo soll sinngemäß gesagt haben, dass er seinen berühmten David bereits im unbehauenen Marmorblock gesehen habe und ihn lediglich von dem überflüssigen Stein um ihn herum befreien musste.

So sind auch Menschen meiner Auffassung nach von Grund auf perfekt, und wenn wir ihnen die Chance geben, können wir das mit ihnen gemeinsam erleben. Alles andere sind Erfahrungen, die uns auf dem Weg dorthin bereichern und uns die Möglichkeit zur Nachjustierung geben.

Innere Mythen rund um den Sex

Was du für die Sexforschung ganz allgemein und speziell für die G-Punkt-Forschung brauchst, ist eine positive Einstellung zur Frau und ihrer Sexualität.

Hier stelle ich dir ein paar Einstellungen vor, die dir dabei im Weg stehen könnten. Ich übertreibe bewusst ein wenig. Aber mach es dir nicht zu leicht mit »das könnte mir nie passieren«, sondern prüfe lieber, ob es nicht vielleicht doch, und wenn auch nur zu einem Prozent, auf dich zutrifft, denn genau da liegt Verbesserungspotenzial.

- Der »Heilige/Hure-Komplex«: Du wünschst dir eine Heilige im Alltag (was zum Beispiel Keuschheit oder Treue anbelangt), aber eine »Hure« im Bett oder zum Vorzeigen bei deinen Freunden (und natürlich soll es beim Anschauen bleiben, Anfassen ist tabu!). Frauen werden von dir generell in die eine oder andere Kategorie eingeteilt – obwohl du ja eigentlich beides willst. Aber Sex geht für dich nur mit einer »Hure«.
- Die Frau soll sexuell aktiv und ansprechbar sein, aber bitte nur mit dir, und am besten soll es vor dir in ihrem Leben nur Loser gegeben haben.
- Pussys sind zwar das höchste der Gefühle, aber sie sollen bitte schön genauso aussehen wie im Porno!
- Die Frau soll Sex lieben, aber wenn sie mehr Sex will als du, ist sie eine Nymphomanin.
- Du solltest immer zur richtigen Zeit eine Erektion haben und genau so lange, wie du willst. Jede Frau ist enttäuscht, wenn das nicht der Fall ist.
- Falls der Frau das, was du tust, nicht gefällt, liegt es immer allein an dir.
- Du solltest immer genau wissen, wo es im Bett langgeht, sonst ist die Frau enttäuscht von dir.

Der Heilige/Hure-Komplex

… ist meiner Meinung nach das größte Problem. Viele Männer denken zuerst: »Den hab ich aber nun wirklich nicht.« Ich glaube jedoch aufgrund meiner Erfahrung, dass er auf unbewusster Ebene bei vielen Männern wirkt und dass sich genau deshalb Frauen oft nicht so sexuell zeigen, wie sie eigentlich sind. Darum gehe ich hier ausführlicher darauf ein.

Dieser Glaubenssatz beruht auf einer Programmierung unserer Gesellschaft. Wir leben in einer Kultur, in der wir alle mehr oder weniger christlich geprägt sind. Auch wenn wir persönlich vielleicht nicht an Gott glauben, wachsen wir doch in einer Gesellschaft auf, die über Jahrhunderte von diesem Glauben und dem, was die Kirche daraus gemacht hat, geprägt wurde. Im Vergleich zu vielen asiatischen Religionen, die eine Einheit aus Körper, Geist und Seele als Ideal ansehen, wird im Christentum der Körper eher als »notwendiges Übel« betrachtet, und Sex dient der Fortpflanzung, bestenfalls zur Erhaltung der Ehe. Die Kirche käme nie auf die Idee, den Wunsch nach Sex als ein ähnliches Grundbedürfnis wie den Hunger nach Nahrung zu betrachten. Im Gegenteil: Aus ihrer Sicht ist es ein niederer Trieb, den wir möglichst gut und dauerhaft mithilfe unseres Geistes in den Griff bekommen sollten.

Aber die Erfahrung lehrt uns etwas anderes: Sex macht nämlich Spaß und fühlt sich keineswegs verkehrt an! Auf diese Weise entsteht eine Doppelmoral: das eine, das nach außen gezeigt wird, und das andere, das man sich innerlich heimlich wünscht. Die moralischen Normen gelten fatalerweise auch noch in unterschiedlicher Weise für Männer und Frauen. Frauen müssen viel »anständiger« sein, um durch die gesellschaftliche Kontrolle zu kommen; ziehen sie sich zu sexy an oder verhalten sich zu sexy, gelten sie schnell als Schlampe; ein Urteil, das die meisten Frauen auf alle Fälle vermeiden wollen. Also müssen sie Männer abweisen und dürfen nicht »zu leicht zu kriegen« sein. Das wiederum frustriert verständlicherweise die Männer und gibt ihnen das Gefühl, ständig hinter Sex herlaufen zu müssen und nur schwerlich genug davon zu bekommen.

In seinem Buch »Die versteckte Lust der Frauen« zitiert Daniel Bergner viele verschiedene Studien, die alle deutlich zeigen, dass der Mythos, Frauen hätten schon aus biologischen Gründen weniger Lust als Männer, totaler Quatsch ist. Sie haben bloß gelernt, weniger auf ihre körperliche Lust zu hören und stattdessen auf sozial antrainierte Art Lust zu zeigen.

Nun, wenn du persönlich aufhörst, Frauen in irgendeiner Weise dafür zu bewerten, wenn sie sexy, lustvoll oder sexuell interessiert sind, wird das bereits viel in deiner Welt verändern. Frauen merken intuitiv, wenn du denkst: »Die hat's wohl nötig, sich so sexy anzuziehen.« »Die ist aber nicht sehr wählerisch.« »Die ist leichte Beute.« »Die macht's wohl mit jedem.« Und so weiter ... Und sie halten sich dann von dir fern oder verhalten sich so, wie es deiner Bewertung nach »anständig« ist.

Wenn du aus dieser Falle herauskommen willst, nimm den umgekehrten Weg: Sage aktiv positive Sachen über ihre sexuellen Seiten – das kann ihr Aussehen, Verhalten oder auch einmal ihr Schmachten nach einem sexy Filmstar sein; ganz besonders auch, wenn es sexuelle Wünsche sind, die sich nicht um dich drehen (was dir vermutlich schwererfällt). Aber Eros ist nicht politisch korrekt, und wenn sich eine Frau sexuell entfaltet, geht das nicht nur in deine Richtung, sondern sie beginnt, in ihrem gesamten Leben ihre sexuellen Funken zu versprühen. Das bedeutet nicht, dass sie wahllos mit jedem Sex hat, denn was sie letztendlich tut, ist etwas ganz anderes. Aber sie wird von mehr Menschen als sexy wahrgenommen werden als nur von dir – und das ist auch richtig so.

Krieg also dein Ego wieder ein und freu dich, dass du so eine tolle, attraktive Frau hast! (Oder wünschst du dir lieber eine Partnerin, die kein anderer Mann auch nur anschaut, weil sie so unattraktiv wirkt?)

Inner Game – so funktioniert's

Was brauchst du also? Wie schon gesagt: Respekt, Aufmerksamkeit und Offenheit für alles, was geschieht, sowie eine gute, klare, ehrliche Kommunikation.

Respekt

- *Respekt vor dir:* Tue nichts, was dir keinen Spaß macht. Wenn es für dich zur »Pflicht«, zum »Durchhalten« oder »Mittel zum Zweck« wird, kommt das auf die eine oder andere Art und Weise auch bei ihr an. Wir hoffen, du bist es dir selbst wert, alles für dich zu einer angenehmen Erfahrung zu machen.
- *Respekt vor ihr:* Sie ist einzigartig und perfekt. Dort, wo sie dir noch nicht ganz so perfekt erscheint, kannst du sie darin unterstützen, dass die Perfektion in ihr mehr zur Geltung kommt und der Ballast rundherum immer mehr abfällt.

Aufmerksamkeit

Okay, niemand erreicht dauerhaft 100 Prozent, da es fast immer Gedanken im Hintergrund gibt oder Dinge im Außen, die uns ablenken. Tu dein Bestes, um der Gegenwart so viel Aufmerksamkeit wie möglich zu schenken. Auch dort geht es wieder um dich und die Frau; es nützt nichts, wenn du zwar jede Regung ihrer Vagina wahrnimmst, aber nicht bemerkst, wie deine eigene Hand schmerzt – bis die Frau irgendwann in dein schmerzverzerrtes Gesicht guckt und augenblicklich abgetörnt ist.

Es gilt, deine Aufmerksamkeit auf verschiedene Dinge zu verteilen, nicht auf alle gleichzeitig, keine Sorge. Grundsätzlich solltest du Folgendes im Blick behalten:

- Wie geht es dir selbst? Bequem? Warm genug? Genug Spaß?
- Wie geht es deiner Partnerin? Gesichtsausdruck, Körperbewegungen, Atmung, Hauttemperatur?

Dabei geht es darum, dass du deine Partnerin bewusst wahrnimmst – und zwar ein paar Details mehr als üblich. Die offensichtlichen Dinge wie »sie lächelt« sind dabei nur der Anfang. Wenn du mehr Details wahrnimmst, kann dir das wichtige Informationen liefern, die als Feedback dienen, ob du mit dem, was du gerade tust, weitermachen solltest oder lieber nicht. Du erhältst Hinweise, ob die Frau dir vertraut, dich anziehend findet oder sich innerlich gerade verabschiedet hat.

Grundsätzlich ist es wichtig, zwischen »Wahrnehmung« und »Interpretation der Wahrnehmung« zu unterscheiden. Wenn du dich noch nicht näher mit dem Thema beschäftigt hast, kann es sein, dass du beides schnell miteinander vermischst.

Hier ein Beispiel: Zu der Wahrnehmung »Eine Flüssigkeit läuft aus den Augen der Frau ihre Wangen herunter – sie weint«, lautet deine Interpretation: »Sie ist traurig«. Es wäre aber auch möglich: »Sie ist gerührt.« »Sie ist überwältigt.« »Sie ist überglücklich.« Oder: »Sie zeigt eine allergische Reaktion.«

Wie du siehst, sind verschiedenste Interpretationen denkbar, doch wir nehmen meist die, die uns zuerst in den Sinn kommt – aber ist das unbedingt die richtige? Selbst wenn du die Frau gut kennst, kann es sein, dass du gründlich danebenliegst. Deine Trefferwahrscheinlichkeit steigt dramatisch, wenn du noch weitere Faktoren in deine Wahrnehmung miteinbeziehst, zum Beispiel ihren Gesichtsausdruck, die Tonlage ihrer Stimme oder ihre Körperbewegungen.

Am besten, du hast Vergleichswerte: Wie sieht die Frau aus, wenn sie glücklich ist oder an etwas Schönes denkt, und wie, wenn sie unglücklich ist beziehungsweise wenn ihr etwas nicht gefällt? Verwende etwas Zeit darauf, deine Partnerin zu beobachten, merke dir diese Eindrücke, und sie werden dir zur rechten Zeit gewaltig nützen!

Im Zweifel und um deine Wahrnehmung zu überprüfen, frage einfach mal nach, wie es ihr gerade geht, und vergleiche ihre Antwort mit deiner spontanen Deutung. Es geht hierbei nicht ums Rechthaben – mach vielmehr für dich ein Spiel daraus, deine Beobachtung mit ihrer Wirklichkeit abzugleichen.

Offenheit für alles, was geschieht

Du brauchst eine offene Haltung, in der alles, was geschieht, in Ordnung ist. Du kannst letztlich nichts bestimmen, und wenn du nur auf ein Ziel hinarbeitest, verpasst du vieles, was rechts und links am Wegesrand zu erleben ist. Je mehr du auf (d)ein Ziel fokussiert bist, desto weniger bleibst du im Augenblick – und desto mehr Druck baust du für die Frau auf, deinen Vorstellungen und Erwartungen zu entsprechen.

Es ist stattdessen besser, dir ein Ziel vorzunehmen, dein Bestes zu geben und dann geschehen zu lassen, was auch immer geschieht. Entspann dich einfach!

Gute Kommunikation

Sex ist eine komplexe Sache, wie du vielleicht schon bemerkt hast. Dadurch, dass zwei Menschen daran beteiligt sind, braucht es eine gewisse Abstimmung. Manche versuchen es mit Gedankenlesen, die meisten mit Sprache, einige mit genauer Beobachtung und Körpersprache. Ein Mix aus alledem hat sich meiner Beobachtung nach am besten bewährt. Über jeden einzelnen Bereich ließen sich ganze eigene Bücher schreiben, und es gibt auch schon viele dazu. Hier also die Kurzfassung: Gute Kommunikation lässt sich erlernen, und am besten besorgst du dir zumindest ein paar Bücher darüber, noch besser nimmst du an einigen Trainingsstunden dazu teil.

Es gibt sehr verschiedene Richtungen, und wenn du dich darin vertiefen willst, ist das Wichtigste: Lerne, deiner Wahrnehmung zu vertrauen, und lerne, über das zu sprechen, was du wahrnimmst – bei dir und bei deinem Gegenüber.

Auch hier bietet NLP wieder gute Möglichkeiten in Theorie und Praxis. Eine andere Richtung, mit der ich gute Erfahrungen gemacht habe, ist die Gewaltfreie Kommunikation nach Marshall B. Rosenberg. Mehr dazu findest du im Internet.

Noch etwas: Gerade in diesem Bereich ist das Üben wichtig, die Theorie allein nützt dir nichts. Und da die meisten Frauen gerne reden, rennst du bei ihr wahrscheinlich offene Türen ein.

Übernimm die Führung!

Ein weiterer Tipp, der dir nicht nur beim G-Punkt-Sex hilft: Übernimm als Mann auch mal die Führung! Frauen mögen es, wenn du eine klare Absicht hast und die Verantwortung dafür übernimmst. Dann können sie sich besser entspannen – und noch viel wichtiger: Sie fühlen sich gewollt. Es gibt dabei jedoch eine Herausforderung: Du musst beim Führen eindeutig sein und gleichzeitig ihre Wünsche und Grenzen berücksichtigen. Das Erste ist vergleichsweise einfach, das Zweite ist schon deutlich schwieriger. Wie gehst du also vor?

Werde dir erst einmal darüber klar, was du willst

In Bezug auf den G-Punkt könnte das zum Beispiel sein:

- deine Partnerin in wilder Ekstase sehen, weil es dich antörnt;
- selbst tollen Sex haben, weil der immer besonders gut ist, wenn die Frau richtig abgeht;
- der Frau besonderen sexuellen Genuss schenken (aber Vorsicht: Ein Geschenk ist eine bedingungslose Gabe – ansonsten ist es ein faules Tauschgeschäft!);

- deiner Partnerin besonders nah sein;
- erforschen, wie das mit dem G-Punkt geht.

Jede Motivation ist in Ordnung. Das ist Teil des *Inner Game*. Falls du mit Schuldgefühlen oder moralischen Bedenken konfrontiert bist, sorge dafür, sie zu klären, bevor du die Frau triffst.

Jede Frau trifft sich freiwillig mit dir. Wichtig ist, dass du weißt, warum du was auch immer tust.

Bleibe deinen Wünschen und deiner Motivation treu!

Wenn du dich wie ein Fähnchen im Wind an jeden Wunsch der Frau anpasst, wird sie eher den Respekt vor dir verlieren, als froh zu sein, das zu kriegen, was sie will. Kurzfristig hat sie zwar einen Vorteil, weil es ja nach ihrer Nase geht, langfristig sieht sie aber, dass sie einen (willens)schwachen und nach Zustimmung lechzenden Mann vor sich hat. Das ist nicht sexy.

Wenn es darum geht, ihre Wünsche und Grenzen miteinzubeziehen, gilt es, das Gleichgewicht zu finden. Sei dir darüber im Klaren, dass nur du für deine eigenen Wünsche sorgen kannst, niemand sonst wird das übernehmen. Passen ihre Wünsche zu deinen, wunderbar! Passen sie jedoch nicht, kann es sein, dass du vor der Entscheidung stehst, deine Wünsche aufzugeben oder die Frau zu verlieren. Wenn du nicht bereit bist zu riskieren, deine Partnerin zu verlieren, bist du bedürftig und bereits abhängig von ihr – was deinem langfristigen Glück auf alle Fälle abträglich ist und häufig auch zum schnellen Ende der Beziehung führt. Denn deine Bedürftigkeit bekommt sie bewusst oder unbewusst mit, wodurch du für sie entweder unattraktiv wirst oder sie jeden Respekt vor dir verliert und beginnt, Machtspielchen mit dir zu treiben: ein Rezept für Drama und Anstrengung.

Die Wege zu beschreiben, wie du dafür sorgen kannst, dass du nicht bedürftig wirst, sondern deinen Wünschen und Bedürfnissen folgst, geht über dieses Buch hinaus.

Und so übernimmst du die Führung

Wie sieht es also aus, die Führung zu übernehmen? Nun, du schaffst den Rahmen für eure Begegnung; du machst Vorschläge, du setzt Impulse, was als Nächstes geschieht; du machst dir immer wieder bewusst, was du möchtest; und du findest Wege, wie du all das in die Tat umsetzen kannst.

Es verändert zum Beispiel deine Sprache von »Was möchtest du als Nächstes?« zu »Möchtest du A oder B?«, wobei A und B beides Aktivitäten sind, die dir gefallen.

Es heißt nicht, dass du die Wünsche der Frau gar nicht einbeziehst und sie nie danach fragst, was ihr gefällt, aber du tust das auf eine Art, dass sie nicht zu bestimmen braucht, was passiert. Du kannst das durch einen kleinen Trick in der Sprache verändern. Indem du sie zum Beispiel allgemein fragst: »Was isst du gerne?« anstatt »Wohin sollen wir heute essen gehen?« Die zweite Art zu fragen gibt ihr die Macht beziehungsweise bürdet ihr die Entscheidung auf, während die erste dein Interesse an ihr zeigt, aber die komplette Macht bei dir lässt.

Übe diese Haltung in großen und in kleinen Dingen, und du wirst sehen, wie sehr sich die Frau entspannt!

Beim Sex gibt es eine weitere Komponente, warum die meisten Frauen hier Führung genießen. Nicht nur muss sie nicht entscheiden und kann sich entspannen, sondern sie fühlt sich von dir gewollt, weil sie deine sexuellen Impulse spürt, anstatt deine Unsicherheit oder ein Um-Erlaubnis-Fragen.

An anderer Stelle kann es sein, dass sie eine Idee hat oder gern mit dir gemeinsam entscheiden möchte. Hat sie einen eindeutigen Impuls, und du bist neutral, kann sie natürlich auch einmal entscheiden, was ihr macht. Das sind gute andere Möglichkeiten, keine Frage. Ich möchte dich hier jedoch auch ausdrücklich ermutigen, ab und zu die Führung zu übernehmen. Viele Männer tun das viel zu selten.

Geben und Nehmen

Grundsätzlich besteht das Leben aus Geben und Nehmen. In jedem Kontakt mit einem anderen Menschen gibt es Geben und Nehmen. Wir fühlen uns wohl, wenn beides ungefähr ausgeglichen ist.

Du denkst jetzt vielleicht: »Hey, ich hätte nichts dagegen, nur zu nehmen.« Doch die meisten Menschen spüren dann nach einer Weile ganz subtil den Wunsch nach Ausgleich. Einerseits wäre es natürlich toll, ganz viel zu bekommen und nichts dafür tun zu müssen, doch das hat meistens seinen Preis. Der Kontakt bricht dann nämlich früher oder später ab. Wenn du einen Menschen also nicht verlieren willst, wirst du bewusst und unbewusst versuchen, einen Ausgleich zu schaffen.

Geben und Nehmen sind sehr subtile Mechanismen, und vieles läuft unbewusst. Es ist nicht so einfach wie:»Ich gebe dir eine Massage, und am nächsten Tag gibst du mir eine Massage.« Es kommt darauf an, dass die eine Person das Gefühl hat, etwas zu geben, und die andere, etwas zu bekommen. Im schlimmsten Fall geben zwei Personen, und keiner bekommt etwas. Das löst Frust aus, weil beide gern die Dankbarkeit des anderen hätten.

Vielleicht denkst du jetzt, dass dieser Fall recht unwahrscheinlich ist, aber gerade zwischen Frauen und Männern ist er gar nicht so selten. Hier kommt ein Bespiel, ganz auf den G-Punkt-Sex bezogen:

Du willst mit der Frau G-Punkt-Sex ausprobieren. Du denkst, du gibst, weil du ihr ja deine ganze Aufmerksamkeit widmest und sie diejenige ist, die Spaß hat. Aber wenn ihr euch nicht klar abgesprochen habt, hat auch sie das Gefühl, etwas zu geben. Sie denkt:»Ich schenke ihm, dass er mit meinem Körper spielen darf und etwas Neues lernt.«

Du siehst, so klar ist das gar nicht!

Oder du kennst es vielleicht aus einer anderen Situation: Ihr geht zusammen shoppen, sie läuft von einem Geschäft zum nächsten und probiert tausend Sachen an. Du denkst, du tust ihr einen Gefallen, indem du mitkommst, sie berätst, was ihr steht und was nicht, und du trägst vielleicht noch ihre Taschen. Sie denkt, sie schenkt dir ihre Zeit, und du hast jetzt ein Mitspracherecht bei dem, was sie demnächst trägt.

Vielleicht empörst du dich und findest, es sei doch ganz klar, wer da etwas gibt und wer etwas nimmt. Der Punkt ist: Hier geht es nicht darum, recht zu haben, sondern um das Gefühl, etwas zu bekommen. Und ob eine Person etwas bekommt oder nicht, entscheidet sie selbst und niemand sonst.

Ich hoffe, es ist also klar, dass ihr reden müsst.

In dem Modell auf dieser Seite findest du die verschiedenen möglichen Rollen. Es basiert auf der Idee von Betty Martin (siehe auch: www.bettymartin.org).

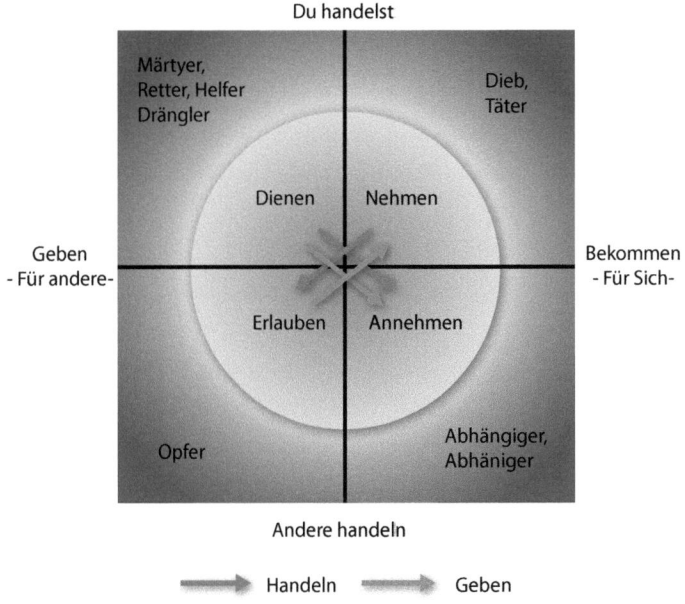

»Geber« und »Nehmer« sind aktive Rollen, denn beide initiieren den Austausch. Dieser funktioniert nur, wenn das Gegenüber die passive Rolle einnimmt: der »Erlaubnisgeber« (des Nehmers) und der »Akzeptierer« (des Gebers). Wenn zwei geben und keiner empfängt, bleibt der Austausch unbefriedigend.

Die äußeren Rollen beschreiben den Austausch, wenn es kein Einverständnis gibt. Berührst du sie ohne ihr Einverständnis, bist du Angreifer und sie Opfer. Erzählt sie dir immer weiter Geschichten, obwohl du gar nicht mehr zuhören kannst, aber sie auch nicht stoppst, kommt ihr in die Rollen des Dränglers und Abhängigen.

Für die G-Punkt-Stimulation kommt noch eine weitere Besonderheit hinzu: Die Rollen werden sehr klar verteilt. Im Alltag wechseln wir oft ganz schnell zwischen Geben und Nehmen – so zum Beispiel in einem

Gespräch, wo wir abwechselnd sprechen und zuhören und dabei unsere Aufmerksamkeit dem anderen schenken. Auch beim Sex ist es oft so, dass Geben und Nehmen sich ständig abwechseln. Wenn ihr euch jetzt für eine Session G-Punkt-Stimulation entscheidet, bleiben die Rollen vermutlich für eine Weile gleich. Daher ist Klarheit hier besonders wichtig.

Erstaunlicherweise ist es für die meisten Menschen schwerer zu empfangen, als zu geben. Das ist der Grund, warum ich hier darüber schreibe. Wenn deine Partnerin es schwierig findet, ganz im Zentrum deiner Aufmerksamkeit zu stehen und sich fallenzulassen, ist das ein wesentliches Hindernis. Vielleicht misstraut sie dir und unterstellt dir, dass du nur selber Spaß haben und nicht wirklich auf sie eingehen willst. Vielleicht findet sie es schwierig, so in deiner Schuld zu stehen, und versucht, dir etwas zurückzugeben. So mancher gefakte Orgasmus ist dem geschuldet: Die Frau will, dass der Mann sich gut fühlt und für seine Anstrengungen, sie zum Kommen zu bringen, belohnt wird.

Als Erstes kannst du für dich selbst herausfinden, welche Rolle du einnimmst. Empfindest du es als Geschenk, deine Partnerin berühren zu dürfen und mit ihr etwas Neues auszuprobieren? Dann bist du ihr etwas »schuldig« – egal, wie viel Spaß sie dabei hat! Sag ihr das, und vielleicht braucht es nur deinen ausgesprochenen Dank als Ausgleich.

Hast du das Gefühl, ihr etwas zu schenken, ist es wichtig herauszufinden, ob sie es auch als ein Geschenk empfindet!

Und falls sie Probleme damit hat, so viel anzunehmen, überlege mit ihr gemeinsam, was ein Ausgleich sein könnte, damit sie sich leichter hingeben kann. Eine Möglichkeit ist, dass ihr die Rollen danach vertauscht und du dir etwas wünschen darfst. Es kann jedoch auch etwas aus einem ganz anderen Bereich sein, zum Beispiel könnte sie etwas für dich kochen, oder sie bringt die DVD zur Videothek zurück. Hier geht es nicht um einen objektiven Ausgleich, sondern um das Gefühl.

Auch dabei gilt wieder: Sobald ihr miteinander sprecht, seid ihr der Lösung schon ein gutes Stück näher.

● Berührung ist eine eigene Sprache

So wie deine Partnerin wahrnimmt, ob dein Interesse echt ist oder nur Mittel zum Zweck, hat sie auch ein feines Gespür dafür, von welcher Qualität deine Berührung ist.

Wir alle nehmen die Körpersprache unseres Gegenübers sehr gut wahr. Oft ist uns dies jedoch nicht bewusst, sondern wir fühlen uns vage »gut«, vertrauen jemandem oder eben nicht.

Deine Berührung wird – ebenso wie deine Körpersprache – deine innere Haltung und deine Gefühle widerspiegeln. Bist du unsicher, wird sich die Unsicherheit auf deine Berührung übertragen; zweifelst du daran, ob die Technik, die du gerade ausprobierst, funktioniert, wird sich dein Gegenüber vielleicht ebenfalls fragen, was das soll.

Natürlich kann ich in diesem Buch nicht jeden deiner Zweifel ausräumen, aber du bekommst eine Menge Informationen, die dich so gut wie möglich vorbereiten und dir ein bewährtes Handwerkszeug mit auf den Weg geben. Ich habe versucht, viele verschiedene Aspekte abzudecken, damit du dich entspannt in das Abenteuer G-Punkt stürzen kannst. Vielleicht erscheint dir das eine oder andere etwas zu ausführlich, aber später bist du möglicherweise froh darüber, dass ich etwas dazu geschrieben habe.

Der andere Aspekt der Unsicherheit, nämlich ob du dich persönlich wohlfühlst, stammt aus deinem *Inner Game*. Sorge also immer zuerst dafür, dass du dich wohlfühlst. Es liegt in deiner Hand, dass du dich wohlfühlst – mach das (und damit dich) nie von der Frau abhängig!

Es kommt dabei nicht darauf an, »Mr Perfect« und immer nur gut drauf zu sein, selbstsicher und stets Herr der Lage, sondern es muss in erster Linie authentisch sein. Versuche nicht, sicher zu wirken, wenn du in Wahrheit unsicher bist, cool zu sein, wenn du tatsächlich kalte Schweißausbrüche hast, und so weiter. All das sendet Doppelbotschaften aus und macht dich unglaubwürdig. Wichtig ist, dass du mit dir im Reinen bist, zu dir stehst, quasi selbst dein bester Freund bist. Solange du dich vor dir selbst versteckst, wird es auch nach außen hin so wirken, als ob du etwas vor ihr versteckst, und das löst Misstrauen aus.

Die Intention macht das Gefühl

Zurück zur Berührung. Es geht also nicht darum, perfekt zu sein, sondern authentisch. Entscheidend ist eine klare Intention. Wenn du zum Beispiel etwas ausprobierst, dann tu das mit voller Absicht und lade sie ausdrücklich zum Ausprobieren ein. Wenn du das ganz klare Gefühl hast, dieses oder jenes wäre jetzt gut, dann tu es ganz bewusst und beobachte genau, was passiert.

Eine gute Idee ist es, in deine Berührung die Absicht zu legen, ihr damit gute Gefühle zu verschaffen. Eine andere Absicht kann sein: »Ich möchte dir mit meiner Berührung Genuss schenken.«

Idealerweise führt eine Berührung zu einer Win-win-Situation: Sie macht dir *und* deinem Gegenüber Spaß.

Ja, es ist nichts dagegen zu sagen, dass du Spaß hast, keinesfalls! Aber du wirst selbst am besten wissen, ob du ihr dabei auch etwas Gutes tun willst oder ob es dir eigentlich nur um dein Vergnügen geht. Darüber habe ich unter »Geben und Nehmen« etwas ausführlicher gesprochen.

Doch dass *du* Spaß hast, ist genauso wichtig, denn wenn du dich langweilst, angespannt, innerlich abwesend oder genervt bist, dann landet genau diese Botschaft bei deinem Gegenüber. Je nachdem, wie feinfühlig die Frau ist, kann sie es benennen oder merkt zumindest unbewusst, dass etwas bei dir »off« ist.

Fokussiere dich also darauf, dass es Win-win für euch beide ist. Falls es das nicht ist, gibt es viele »Stellschrauben«, um die Situation zu verbessern. Im Folgenden stelle ich dir zahlreiche Techniken vor – die Auswahl ist groß. Für die praktische Seite hast du bereits viele Tipps bekommen. Dein Inner Game haben wir auch schon besprochen. All diese Dinge helfen dir, deinen G-Punkt-Sex auf das nächste

Level zu bringen, und können dich immer wieder inspirieren, noch besser zu werden.

Ganz wichtig: Eine warmherzige Berührung völlig ohne komplizierte Technik fühlt sich deutlich besser an als eine gelangweilte Berührung mit der weltbesten Technik.

Verschiedene Arten der Berührung

Wir alle kennen diverse Arten der Berührung. Eine Umarmung kann herzlich und warm sein, eine andere knistert vor sexueller Spannung. Eine Hand auf der Schulter kann uns ermutigen, eine ganz sachte Berührung am Arm elektrisieren.

Bei traditionellen Tänzen wie dem Walzer ist die Berührung ritualisiert und erlaubt, ja sogar erwartet. Wer hier zu viel Abstand hält, erschwert das Tanzen. Doch gleichzeitig sagen manche, dass Tangotanzen vertikaler Sex sei. Wo liegen also die Unterschiede?

Die Lösung ist ganz einfach: Unsere Intention entscheidet, wie sich eine Berührung für unser Gegenüber anfühlt.

Oft ist es uns selbst gar nicht klar, welche Intention wir gerade haben. Es wird sich für dich lohnen, dir deine Intention vorher klarzumachen, denn dann kann sie eindeutig bei deiner Partnerin ankommen. Nichts ist nerviger als eine unklare Berührung oder, noch schlimmer, eine, die der verbal geäußerten Intention offenbar widerspricht.

Es geht nicht darum, die »richtige« Absicht zu haben; meiner Meinung nach ist keine Intention besser oder schlechter.

Was sind also mögliche Intentionen? Ich beschreibe im Folgenden die beiden groben Richtungen »Massieren und Forschen« und »sexuelles Stimulieren«. Es gibt viele weitere Intentionen, die ebenfalls wunderbar sind. Anhand dieser beiden Richtungen hast du aber eine gute Orientierung.

Überlege dir also vorher, wohin die Reise gehen soll. Soll heißen: Mit welcher Intention berührst du sie? Geht es um Massieren und Forschen oder um Stimulieren und Erregen? Die Techniken funktionieren für beides, doch damit sie bei der Frau nicht zu Verwirrung führen, ist es besser, eine klare Absicht zu haben. Grundsätzlich halte ich es übrigens für gut, mindestens ein Mal eine gemeinsame Session ganz dem Massieren und Forschen zu widmen. Das macht dich sicherer, wo was liegt und was der Frau gefällt. Du kannst auch beide Arten der Berührung nacheinander folgen lassen.

Hier nun also Stichpunkte zu den Unterschieden:

Massieren und Forschen

- Den Kontakt zueinander immer wieder bestätigen.
- Viel Feedback: Wie fühlt sich was an? Verbal und nonverbal.
- Offenheit für Neues mit der Grundhaltung: »Ich weiß nicht alles.«
- Verschiedenes ausprobieren.
- Ohne die Intention, beim Orgasmus zu landen.
- Langsam.
- Sich viel Zeit nehmen.
- Feinheiten wahrnehmen.

Stimulieren und Erregen

- Einladung zu Lust und Orgasmus.
- »Ich weiß, was ich tue« als Grundhaltung.
- Feedback-Schleife: mitatmen, mitstöhnen, verbal ermutigen.
- Intensität erzeugen.
- Steigerung und auch heftige, intensive Stimulation.
- Seltene Wechsel.

Tantrische Berührungen

Es würde über die Grenzen dieses Buches hinausgehen, das Thema »Berührung« oder »Massage« in vielen Details zu erläutern. Ich hoffe, dass diese Punkte Anregungen für dich sind. Wenn du dazu mehr lesen möchtest, empfehle ich die Bücher von Michaela Riedl zur Yoni- und Lingam-Massage (siehe Anhang). Yoni und Lingam sind übrigens die schönen tantrischen Worte für die weiblichen Genitalien und den Penis.

Und wie stimuliere ich ihn nun?

Theoretisch weißt du schon, wo der G-Punkt liegt. Jetzt geht es an die Praxis! Im Folgenden gehe ich genauer darauf ein, welche Bewegungen du ausprobieren kannst. Viele Männer stimulieren den G-Punkt zu schnell oder auch zu schnell zu fest, was sich für die Partnerin unangenehm anfühlen kann.

Beginne also langsam und sanft und steigere dich erst später. Und vergiss nie: Die G-Punkt-Stimulation fühlt sich für deine Partnerin vielleicht komplett anders an, wenn sie erregt und der G-Punkt angeschwollen ist.

Mach es ganz oder gar nicht

Frauen wird ja oft nachgesagt, sie hätten einen siebten Sinn dafür, ob der Mann etwas von ihnen will und ob er einen hohen oder eher niedrigen Status in einer Gruppe hat. Sie erkennen auf alle Fälle sehr schnell, ob ein Mann sich Zeit nimmt und sie verwöhnen will oder ob es für ihn eigentlich nur eine »Vorbereitung« ist, die er möglichst schnell hinter sich bringen will.

Falls du also nicht wirklich in Stimmung bist, dich voll auf die Frau zu konzentrieren, lass es lieber bleiben und warte, bis dir der Sinn danach steht. Der G-Punkt braucht deine volle Aufmerksamkeit, und was auch immer dann passiert, passiert. Es wäre wirklich schade, wenn du nach zehn Minuten aufhörst, während es für sie gerade interessant wird. Deine Partnerin fühlt sich dann möglicherweise von dir hängengelassen und verliert ihr Vertrauen zu dir. Zusätzlich verdirbst du dir unter Umständen die Chancen darauf, dass sie sich ein nächstes Mal auf Experimente mit dir einlässt, und das willst du ja sicher nicht.

Es ist auch sinnvoll, keine anschließenden Termine zu haben, oder wenn, dann zumindest nur mit großzügigem Abstand.

Aufwärmen – eine Universaltechnik

Ich bin in den meisten Fällen gegen Patentrezepte, doch hier möchte ich eins mit dir teilen, das so einfach und ungeheuer wirksam ist, dass es schon fast wehtut. Und zwar eine wunderbar einfache Art, eine Frau körperlich sexuell aufzuwärmen. (Im Textabschnitt hier habe ich erklärt, warum ich lieber »Aufwärmen« statt »Vorspiel« sage.)

Natürlich ist das nicht die einzige Art und Weise, wie du sie aufwärmen kannst, und auch sie ist kein »Schalter«, sondern braucht eine positive Einstellung und deine Aufmerksamkeit. Hier ist also alles, was du machen musst:

- Du legst deine Hände ruhig auf ihre Brüste. Und lässt sie da liegen. Das war's. Natürlich machst du das mit Aufmerksamkeit und Wachheit, das weißt du aus dem vorhergehenden Kapitel. Es dauert ein wenig, bis die Energie zu fließen beginnt – lass deswegen deine Hände dort eine Weile ruhig liegen.
- Natürlich spielt auch der Kopf eine Rolle, und in diesem Fall ist er vielleicht im Weg und sagt einem von euch oder beiden: »Was soll das denn?« Dann beruhige ihn und sage ihm, dass es ja nur ein Experiment ist. Um deiner Aufmerksamkeit ein Ziel zu geben, kannst du dich darauf konzentrieren, was du in deinen Händen fühlst, oder du guckst ihr tief in die Augen.
- Du kannst deine Partnerin natürlich auch einweihen, wenn sie irritiert sein sollte.

- Nach einer Weile könnt ihr dann all die anderen Dinge miteinander tun, die euch zum Aufwärmen einfallen: küssen, streicheln, aneinander reiben, kuscheln.

Warum funktioniert das Handauflegen so gut? Dazu ein bisschen aus meinem tantrischen Hintergrundwissen: Im Tantra gehen wir davon aus, dass sexuelle Energie ein Teil der grundsätzlich immer vorhandenen Lebensenergie ist. Wenn du nun sexuell aktiv wirst, wird diese Energie stärker und kommt mehr ins Fließen. In dem tantrischen Bild vom Körper fließt diese Energie nun zwischen zwei Polen durch den Körper: einem positiven und einem negativen. Wie bei der Elektrizität beginnt es beim positiven Pol, doch ohne den negativen Pol gäbe es keinen Fluss. Beide Pole sind also extrem wichtig.

Im tantrischen Bild vom Fluss der Energie gibt es einen wesentlichen Unterschied zwischen Männern und Frauen. Bei Männern ist der aktive Pol, von dem die Energie startet, in den Genitalien, und von dort fließt die Energie zum Herzen. Viele Männer kennen das: Ein einziger Impuls kann sie sexuell ansprechen, und schon ist die Erregung da. Nun kommt der interessante Teil. Bei Frauen ist es andersherum! Bei Frauen ist der aktive Pol das Herz. Kommt dir das bekannt vor? Für eine Frau muss erst das Gefühl stimmen, dann ist sie offen für Sex.

Im Volksmund findet sich dieses Wissen bei uns vereinfacht wieder: »Ein Mann sagt, dass er sie liebt, damit er Sex bekommt; eine Frau hat Sex mit einem Mann, damit er sie liebt.«

In diesem Satz steckt zwar eine gewisse Wahrheit, jedoch auch ein Missverständnis. Es geht der Frau nicht unbedingt um eine Beziehung oder ein »Ich liebe dich für immer«. Es geht darum, in dem Moment Liebe zu fühlen. (Es gibt noch einen zweiten, sozial konditionierten Anteil, der ihr vorschreibt, nicht zu sehr an Sex interessiert zu sein. Dazu mehr im Kapitel »Innere Mythen«). Andere Worte dafür wären »eine emotionale Verbindung zu fühlen«. Das Wort »Liebe« klingt oft so groß – lass dich davon nicht abschrecken.

Das Interessante ist: Du kannst dieses Gefühl mit einer so einfachen Geste wie dem Hände-auf-die-Brüste-Legen in Fluss bringen. Und durch weiteres achtsames »Aufwärmen« sorgst du für wohlige körperliche Nähe und Entspannung, bevor du mit der Erforschung des G-Punkts beginnst.

Dein Universaltool: deine Finger

Es gibt verschiedene Fingerbewegungen, mit denen du den G-Punkt und den ganzen Bereich stimulieren kannst. Während du die verschiedenen Anleitungen liest, probiere die Bewegungen ruhig gleich mit deinen Fingern in der Luft aus oder stell sie dir gut vor. Du kannst auch an deiner anderen Hand üben, indem du eine lockere Faust machst, die die Vagina simuliert. Das hilft dir dabei, die Techniken besser zu verstehen.

Die Finger sind meiner Ansicht nach das beste Mittel, um den G-Punkt zu stimulieren. Ich werde später auch auf verschiedene Sextoys eingehen; sie sind besonders nützlich, wenn die Frau allein spielt, und auch als eine Ergänzung zu deinen Fingern.

Warum sind Finger so genial? Nun, sie haben bei den meisten Menschen die richtige Länge, um den G-Punkt zu erreichen, sie sind im Vergleich zum Penis flexibel und doch fest, sie lassen sich in Form und Menge leicht variieren (im Vergleich zu Sexspielzeugen oder einem Penis).

Und das Beste ist: Sie geben dir Feedback! Du spürst die Textur der Vagina, ob sich ihre Muskeln zusammenziehen, wie der G-Punkt auf Druck reagiert und so weiter.

In »Variationen: andere Positionen und Winkel« schlage ich auch Stellungen für den G-Punkt vor, denn sie haben ihre ganz eigenen Reize und Möglichkeiten.

Massagetechniken für den G-Punkt

Hier kommen also die verschiedenen Techniken. In der Tantramassage wird auch der G-Punkt ausführlich miteinbezogen, daher konnte ich diese Techniken gründlich ausprobieren. Sie haben alle schon wunderbar funktioniert – bei verschiedenen Frauen. Sie stellen nur eine Auswahl dar; du kannst sie miteinander kombinieren und jede Technik natürlich in Geschwindigkeit und Druck variieren oder dir deine eigenen Moves ausdenken.

Die richtige Technik zur richtigen Zeit – das ist die eigentliche Herausforderung. Mach dich erst einmal allein mit den verschiedenen

Techniken vertraut. An der Vagina herumzufummeln mit dem Buch daneben ist zwar lustig, aber nicht sexy. Du musst ja nicht gleich alles auswendig lernen, sondern fang mit drei bis vier Varianten an und steigere dich dann allmählich. Es kommt auch überhaupt nicht darauf an, bei einer Session möglichst viele davon auszuführen. Damit läuft man eher Gefahr, hektisch und stressig zu werden. Schau lieber, was sich gut anfühlt, und bleib eine Zeitlang dabei.

Ganz wichtig vorab: Sorge dafür, dass du kurze, glatt gefeilte Fingernägel hast, damit du deine Partnerin nicht verletzt!

Jetzt wird's praktisch: Fingerübungen

Idealerweise ist die Frau schon sehr entspannt. Und wie schon mehrfach erläutert, ist der G-Punkt besonders empfänglich, wenn die Frau sexuell erregt ist. Beides kannst du durch Aufwärmen erreichen. Schön ist es, immer wieder weitere Teile des Körpers miteinzubeziehen; sehr angenehm sind lange Striche über den ganzen Körper. Du kannst aber auch direkt mit deiner Partnerin auf Forschungsreise gehen.

So oder so: Schaffe eine entspannte Atmosphäre. Und hab Gleitmittel und gegebenenfalls Handschuhe griffbereit.

Bitte deine Partnerin, sich auf den Rücken zu legen und ihre Beine zu spreizen. Leg eventuell ein kleines, festes Kissen unter ihren Po.

Massage: Aufwärmen der Vulva

- Als Erstes nimmst du Kontakt mit ihrer Vulva auf: Nimm deine ganze Hand und lege sie mit der Handfläche nach unten über die gesamte Vulva. Übe dabei leichten Druck aus, sodass sie deine Hand gut spüren kann.

Massage: Aufwärmen der Venuslippen

- Fahre mit beiden flachen Händen gleichzeitig langsam entlang der Venuslippen von oben nach unten.
- Fahre anschließend mit einzelnen Fingern gleichzeitig rechts und links an den äußeren und inneren Venuslippen entlang. Dies kannst du im Zeitlupentempo machen und gerne 10- bis 20-mal wiederholen. Gleitmittel empfohlen!

Massage: Gate Keeper

Dringe nie plötzlich und schnell in eine Frau ein, weder mit deinen Fingern noch mit sonst irgendetwas. Die Vagina zieht sich dann eher erschrocken zurück und verhärtet sich.

- Nach dem Aufwärmen ist es gut, die Vulva großflächig mit deinen Händen zu halten, und dann zuerst nur mit einem Finger langsam einzudringen, dich quasi von der Vagina einsaugen zu lassen und gegebenenfalls später mehr Finger dazuzunehmen. Dabei kannst du eine Hand mit leichtem Druck über die gesamte Vulva legen und mit der anderen eindringen.

- Wenn du dich auf die Suche nach dem G-Punkt machen willst, ist es gut, dabei viel Bewegungsfreiheit zu haben; suche dir also eine bequeme Position (und verändere diese bei Bedarf)!

Massage: Around the clock

- Um das Innere der Vagina der Frau kennenzulernen, gehst du mit leichtem Druck und einer langsamen Bewegung einmal innen mit einem Finger herum. Beginne bei 12 Uhr und bewege dich dann millimeterweise in einer Richtung im Kreis; übe jeweils einen leichten Druck auf den Punkt aus und halte ihn für zwei bis drei Sekunden. Dann bewege dich einige Millimeter weiter.

- Variiere die Technik in Druck, Richtung und Geschwindigkeit. Wenn die Frau schon sehr heiß ist, kannst du sie auf diese Weise ganz verrückt machen, und sie bittet dich eventuell, intensiver zu werden, während du die Spannung genießt. Diese Technik ermöglicht es dir und ihr gleichermaßen, die verschiedenen Bereiche ihrer Vagina zu erforschen. Ihr werdet überrascht sein, wie unterschiedlich sie sich anfühlen.

Massage: Mapping the G-Spot

- Finde heraus, wo was liegt. Fahre mit der Fingerspitze die Seiten des G-Punkts entlang, fühle den Kopf und das Ende des G-Punkts. Tue dies sehr, sehr langsam, achte auf Veränderungen und bitte deine Partnerin um Rückmeldung.

Dies ist eine ausgezeichnete Technik, um den G-Punkt zu erforschen. Ihr könnt euch dafür viel Zeit nehmen und werdet immer wieder kleine Veränderungen entdecken.

- Wenn du magst, ermutige deine Partnerin zu beschreiben, was sie fühlt, und bitte sie, einfach immer weiterzureden. Gib ihr das Gefühl, völlig unzensiert sprechen zu können. Oft kommen dabei sehr blumige oder ungewöhnliche Beschreibungen heraus.

Massage: Leichtes Streichen
- Mit der Spitze deines Fingers streichst du über den gesamten Bereich vom Vaginaleingang bis zum G-Punkt ganz sanft vor und zurück. Übe einen leichten Druck aus, den du später variieren kannst.

Massage: Leichte Kreise
- Mit der Spitze deines Zeige- oder Mittelfingers machst du sanfte Kreisbewegungen direkt am G-Punkt. Langsam und stetig erhöhst du den Druck.
- Mach ab und zu Pausen und fühle, ob der Druck stimmt oder ob weniger besser wäre. Nach einer Weile kannst du eventuell einen zweiten Finger hinzunehmen.

Massage: Achterbahn
- Mit der Spitze deines Zeige- oder Mittelfingers oder auch mit beiden Fingern zusammen machst du Bewegungen in Form einer Acht. Probiere auch aus, die Acht um 90 Grad zu drehen.

Massage: Drücken und loslassen
- Presse mit der ganzen Länge von zwei Fingern auf den G-Punkt, so wie bei einem Barrégriff auf der Gitarre (die Musiker kennen das: Es bedeutet, die Finger möglichst komplett aufzulegen). Halte den Druck für 10 Sekunden, dann lass los.
- Nach 10 Sekunden drückst du erneut und wiederholst das Ganze mehrmals. Damit sorgst du für Abwechslung und verhinderst, dass die Stimulation zur Routine wird.

Massage: Touch and go

- Bei dieser Technik benutzt du beide Hände. Mit der einen Hand übst du Druck auf die Venuslippen aus, indem du die Hand flach über die Vulva legst und leichter oder stärker Druck ausübst. Mit der anderen Hand kannst du jetzt jede der G-Punkt-Stimulationstechniken ausüben.

Massage: Sprinkle-Kramer-Manöver

- Der Daumen deiner rechten Hand gleitet in die Vagina, während die Finger deiner linken Hand die Klitoris stimulieren. Stimuliere den G-Punkt und die Klitoris mal gleichzeitig und mal abwechselnd. (Der Griff ist nach den beiden amerikanischen Entwicklern der Genitalmassage benannt: Jo Kramer und Annie Sprinkle.)

Massage: Festes Streichen

- Hast du bereits eine der obigen Techniken durchgeführt, kannst du nun zu dieser übergehen. Mit zwei Fingern streichst du fest über den gesamten Bereich von der Vulva bis zum G-Punkt – vor und zurück. Deine Partnerin muss zu diesem Zeitpunkt schon sehr erregt sein, um diese Bewegung genießen zu können, ansonsten könnte es sich unangenehm oder zu intensiv anfühlen.
- Eine weitere Möglichkeit ist es, deine Finger leicht auseinanderzubewegen und an beiden Seiten des G-Punkts entlangzustreichen. Dadurch presst du nicht direkt auf ihre Harnröhre, und es ist vielleicht angenehmer für sie.
  Probiere am besten beide Varianten aus, um zu sehen, was ihr am liebsten ist.

Massage: Komm-her-Bewegung

- Beuge Zeige- und Mittelfinger im Inneren der Vagina ab und mach eine Komm-her-Bewegung. Mit jeder Bewegung massierst du ihren ganzen G-Punkt-Bereich stark.
- Experimentiere mit leichtem und festem Druck und probiere verschiedene Stellen des G-Punkts aus: vorn, in der Mitte, weiter hinten. Experimentiere auch mit der Geschwindigkeit deiner Striche.

Manche Frauen brauchen gleichmäßige Bewegungen, um zum Orgasmus zu kommen, bei anderen musst du immer schneller werden, je näher sie dem Orgasmus kommen.

Dies ist die klassische G-Punkt-Technik, die du immer wieder in Büchern und Videos finden wirst.

Massage: Auf den G-Punkt klopfen

• Diese Bewegung ist der vorhergehenden sehr ähnlich. Während du jedoch die Komm-her-Bewegung machst, bewegst du deine Hand zusätzlich auf und ab. Du klopfst also mit den Fingerspitzen fest auf den G-Punkt, während du durch die Auf- und Abbewegung deiner Hand gleichzeitig den ganzen Vaginaleingang stimulierst.

Massage: Vibrierendes Streichen

• Diese Bewegung ist eine Kombination aus der Komm-her-Bewegung und dem Auf-den-G-Punkt-Klopfen. Du machst aber keine langen Striche, sondern ganz kurze und schnelle Bewegungen, sodass deine Hand richtig zu vibrieren beginnt und ihren G-Punkt mit diesen kurzen, schnellen Vibrationen erreicht. Deine Hand und dein Arm werden ziemlich schnell müde werden – für den Anfang ist das daher nicht geeignet. Die nächste Bewegung, das »Pulsierende Streichen«, ist sehr ähnlich, du ermüdest jedoch nicht so schnell und kannst sie über längere Zeit ausführen.

Massage: Pulsierendes Streichen

• Diese Bewegung gleicht der vorhergehenden – mit dem Unterschied, dass du nach drei bis vier Zügen für ein bis zwei Sekunden pausierst und dann wieder drei, vier Züge machst.

Dieses Pulsieren fühlt sich richtig gut an in ihr, und deine Hand und dein Arm haben zwischen den Bewegungen eine Chance, sich kurz zu entspannen. Dadurch kannst du diese Bewegung eine ganze Weile durchführen.

Massage: Zickzack-Technik

- Mach Zickzack-Bewegungen, während du deinen Finger langsam und sanft aus ihrer Vagina heraus- und wieder hineingleiten lässt. Gleichzeitig kannst du auch ihre Klitoris mit Daumen oder Zeigefinger stimulieren.

Massage: Scheibenwischer

- Fahre mit deinem Mittel- oder Zeigefinger wie ein Scheibenwischer von rechts nach links über den G-Punkt. Als Variation kannst du mehr als einen Finger benutzen.

Massage: Drei-Finger-Technik

- Gleite mit deinem Mittelfinger in ihre Vagina rein und wieder raus, während du mit Zeige- und Ringfinger links und rechts der Venuslippen auf- und abfährst. Dadurch stimulierst du auch die Klitoris, die genau in der Mitte zwischen den beiden Venuslippen liegt.

Massage: Drei-Finger-Kombination

- Mache die Drei-Finger-Technik mit einer Hand, während du mit der anderen Hand ihre Brüste, Schultern, Hals, Oberschenkel und so weiter massierst.

Massage: Die PC-Übung

- Nachdem du ein oder mehrere Finger auf den G-Punkt gelegt hast, lass deine Partnerin ihre PC-Muskeln zusammenziehen und loslassen und anschließend die Muskeln komplett nach außen drücken, so als würde sie etwas aus ihrer Vagina hinausdrücken. Ist sie so richtig erregt, kann diese Übung zur weiblichen Ejakulation führen (muss aber nicht).
- Probiere diese Übung mit und ohne Finger in ihr aus.

Massage: Der Korkenzieher

- Mit einem, zwei oder drei Fingern dringst du in ihre Vagina ein, während du gleichzeitig deine Hand drehst. Du kannst sanft oder fest rein- und rausgleiten.

- Wenn du magst, können die Finger deiner anderen Hand gleichzeitig die Klitoris stimulieren.

Massage: Die Schlangenzunge

Diese Technik funktioniert nur, wenn der G-Punkt deiner Partnerin sehr prominent heraussteht. Denk daran, dass er sich bei vielen Frauen stärker herauswölbt, wenn die Schwellkörper mit Blut gefüllt sind.

- Du spreizt Zeige- und Mittelfinger und fährst an den Seiten des G-Punkts entlang. Auch hier kannst du Tempo und Druck variieren. Zur Abwechslung kannst du auch die »Komm-her-Bewegung« mit gespreizten Fingern ausprobieren.

Massage: Das Sandwich

- Während du mit einem oder mehreren Fingern von innen gegen den G-Punkt drückst oder ihn leicht massierst, drückst du von oben mit der flachen anderen Hand kurz über dem Venusbein dagegen.

  Manche Frauen mögen an dieser Stelle sehr viel Druck – dann nutzt du am besten dein Körpergewicht, sonst kannst du den Griff nicht lange halten.

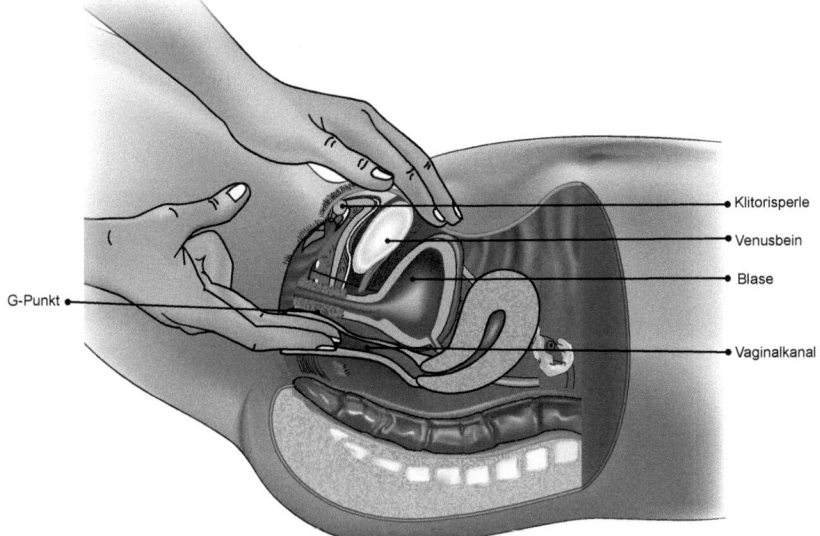

Finger- und Handposition bei der »Sandwich«-Technik

Massage: Sixpack

Dies ist eine Technik für intensive Stimulation, jedoch lockert und entspannt sie auch das gesamte Becken.

- Du bildest ein »C« aus Daumen und Mittelfinger: Mit deinem Mittelfinger übst du sanften Druck auf den G-Punkt aus, mit dem Daumen umfasst du das Venusbein. Nun schaukelst oder bewegst du das Becken mit leichten oder intensiveren Bewegungen deiner ganzen Hand.

Wenn die Frau Druck auf der Klitoris mag, kannst du mit deiner Handfläche die gesamte Vulva gut umfassen und mehr oder weniger Druck ausüben.

Diese Technik kann der Frau ein wunderbares Gefühl des Ganz-Umfasstseins geben und sehr genussvoll sein. Wenn du sie mit großer Intensität ausführst, stimuliert sie nicht nur den G-Punkt, sondern durch die Bewegung auch die Muskeln im Beckenraum und viele Punkte rundherum.

Variationen: Jeder das Ihre

Keine Frau ist wie die andere! Experimentiere deshalb mit verschiedenen Fingertechniken, verändere die Bewegungen oder den Druck auf den G-Punkt (oder beides).

- Streiche gleichmäßig in langen Zügen und mit gleichmäßigem Druck und achte darauf, wie sie reagiert. Manche Frauen mögen es, wenn du ganz in sie hineingleitest und dann wieder fast ganz heraus.
- Eine andere Möglichkeit wäre es, sich komplett auf den Druck zu konzentrieren und die Bewegungen zu reduzieren.

Während du dich aber so ausführlich um den G-Punkt kümmerst, denk auch an die Klitoris. Manche Frauen bevorzugen es, wenn der G-Punkt allein stimuliert wird, andere stehen auf gleichzeitige Stimulation.

- Falls du ihre Klitoris mit deinem Daumen erreichen kannst, während deine Finger in ihrer Vagina sind, kannst du folgenden Trick ausprobieren: Lege deinen Daumen auf ihre Vorhaut und streichle mit der Daumenspitze nach unten, während du gleichzeitig im Inneren weiterhin mit deinen beiden Fingern Druck ausübst und rein- und rausgleitest.

- Achte aber auch darauf, wenn sie die Klitoris nicht stimuliert haben möchte. Es kann sein, dass es zu viele Reize auf einmal für sie sind oder ihre Klitoris schnell überreizt wird.

Variationen: andere Positionen und Winkel

Während eurer Fingerspiele möchte deine Partnerin möglicherweise mal die Position wechseln. Lade sie dazu ein.

- Wie wär's auf Händen und Knien, mit Kopf und Schultern oben oder unten und mit dir hinter ihr im Doggy-Style? Oder sie dreht sich (halb) auf die Seite. Probiert verschiedene Positionen aus, auch wenn sie erst einmal ungewöhnlich erscheinen mögen.
- Die Position zu wechseln kann auch dazu beitragen, dass du mehr Druck ausüben kannst oder sich deine Handgelenke entspannen können.
- Eine weitere Variation ist, mehr Finger einzusetzen, sodass sie sich ausgefüllter fühlt.
- Ist deine Partnerin nun in einer neuen Position, kannst du erneut experimentieren, wie viel Druck und Bewegung nun für sie am besten sind. Vereinbart, einander Feedback zu geben!

Intensität und Geschwindigkeit

Ich betone oft, wie wichtig es ist, langsam anzufangen. Doch auch die andere Seite ist wichtig: die Steigerung der Intensität! Sonst könnte es sein, dass es doch eher ein Kaffeekränzchen ist, das du da mit deiner Partnerin veranstaltest, und keine Einladung zur Ekstase.

Ich glaube, es gibt oft Unsicherheiten darüber, wann es okay ist, die Intensität der Stimulation zu steigern. Als gute Hinweise kannst du ihre Atmung und ihre Körperbewegungen nehmen. Bewegt sie sich viel und atmet sie laut und heftig, sind das gute Hinweise, dass du versuchen kannst, die Stimulation (weiter) zu intensivieren.

Auch hier ergibt es Sinn, etwas auszuprobieren und sich graduell zu steigern. Achte darauf, wie sie dir Feedback gibt, was sich verändert.

Gerade der G-Punkt mag bei großer Erregung auch sehr intensive Stimulation. Dabei geht es eher um Druck als um Geschwindigkeit. Die »Komm-her-Bewegung« eignet sich gut dafür, auch in Kombination mit dem »Sandwich«, dem »Sixpack« und dem »Touch and go«.

Probiere, dich an die Grenze heranzutasten, an der es zu intensiv wird. Eventuell wirst du überrascht darüber sein, wie intensiv sie es mag. Wenn sie dir noch nie gesagt hat, dass du zu heftig bist (oder zu schnell oder zu viel Druck ausübst), hast du die Grenze noch nicht erreicht!

Achte darauf, dass du dich wohlfühlst und dir nicht die Hand verrenkst. Und falls das doch einmal geschieht, behalte es für dich und wechsle kommentarlos zu einer besseren Position. Ein lauter Kommentar, was für eine Schwerstarbeit das denn sei, kann die Stimmung von einem Moment auf den anderen kippen lassen. Vielen Frauen fällt es eh schwer, sich fallenzulassen und anzunehmen, wenn jemand etwas für sie tut. Wenn deine Partnerin dann das Gefühl bekommt, du würdest darunter leiden, springt schnell die Helferin in ihr an, und sie kann sich gar nicht mehr fallenlassen.

Zurück zur Intensität. Es ist auch sinnvoll, sie nach dem Sex zu fragen, ob sie das Gefühl hat, dass es intensiver noch besser gewesen wäre. Manche Frauen geben gerne verbales Feedback beim Sex, andere empfinden es gerade bei intensiver Stimulation als störend, Worte finden zu müssen. Für sie ist es einfacher, zu einem anderen Zeitpunkt über Sex zu reden. Finde heraus, wie das bei deiner Partnerin ist.

Orale Freuden

Oralsex gefällt vielen Frauen und lässt sich hervorragend mit der G-Punkt-Stimulation kombinieren. Zusätzlich zu deinem Mund kannst du deine Finger oder ein Spielzeug verwenden.

- Am einfachsten drehst du dafür den Kopf zu einer Seite, sodass ausreichend Platz für deine Hand oder das Spielzeug ist. Achte immer darauf, dass du es bequem hast.
- Auch wenn deine Partnerin schon sehr erregt ist: Die Klitoris ist bei den meisten Frauen äußerst empfindlich, beginne daher mit sanfter Stimulation.
- Überlege dir vorher, wie du reagieren willst, falls sie ejakuliert. Wenn du kein Ejakulat in deinem Gesicht verteilt haben willst, finde heraus, ob sie weiß, wann sie ejakuliert, und ob sie dir rechtzeitig Bescheid sagen kann. Höre sonst mit dem Oralsex auf, bevor sie sehr stark erregt ist. Einige Männer finden das Gefühl jedoch ausgesprochen erregend.

● Noch mehr Spaß: G-Punkt-Spielzeug

Es gibt viele Mythen über Sextoys, zum Beispiel: »Sextoys sind nur was für Singles, ein Ersatz für einen Partner.« »Wenn du ein Spielzeug dazu brauchst, dann stimmt etwas nicht mit dir, weil du nicht normal zum Orgasmus kommst.« Oder: »Nur Paare, bei denen es nicht klappt, brauchen Sextoys.« Das sind alles echte Spaßbremsen!

Mancher Mann befürchtet vielleicht, dass der Wunsch der Partnerin nach einem Sextoy ein versteckter Hinweis darauf sein könnte, dass die eigenen Liebeskünste nicht ausreichen, dass er nicht genug sei. Ein Spielzeug zu verwenden ist jedoch nicht als ein Ersatz für fehlendes Geschick zu werten. Im Gegenteil, etwas Neues und Abenteuerliches kann zu noch besserem Sex zu zweit führen. Manche Spielzeuge schaffen, was der Mensch einfach nicht bieten kann, zum Beispiel eine kraftvolle und gleichmäßige klitorale Stimulierung.

Spielzeuge sind auch großartige Helfer für die Erforschung des G-Punkts, denn sie haben Formen, die du mit deinen Hän- den oder deinem Penis nicht nachahmen kannst, vibrieren, was für dich äußerst anstrengend wäre, und können zusätzlich zu deinen beiden Händen benutzt werden. Du kannst zwei oder sogar mehrere Dinge gleichzeitig tun. Stell dir vor, du kannst dich ganz darauf konzentrieren, deiner Partnerin fantastischen, hingebungsvollen Oralsex zu schenken, während gleichzeitig ein einführbarer Vibrator ihren G-Punkt stimuliert. Oder aber du richtest deine ganze Aufmerksamkeit darauf, den perfekten Druck auf ihren G-Punkt auszuüben, während ein Vibrator ihre Klitoris stimuliert. Die Möglichkeiten sind unendlich.

Kurz gesagt: Sextoys ersetzen dich nicht, sondern sie ergänzen dich und verleihen dir sozusagen eine dritte und vierte Hand oder einen »magischen Finger«. Und wenn du sie gekonnt ein- setzt, wird die Frau *dir* danken und nicht dem Spielzeug.

Falls einer von euch Bedenken hat, sprecht darüber und entscheidet euch gemeinsam dafür, Sexspielzeug einfach mal als ein Experiment in euer Sexleben zu integrieren: Gefällt es euch, bekommt es einen festen Platz im Schlafzimmer; empfindet einer es als störend, fliegt es wieder raus.

Einkaufstipps

Ein Sextoy auszusuchen kann besonders für Neulinge eine Herausforderung sein, denn es gibt eine enorme Auswahl. Am besten gehst du in ein Geschäft, in dem die Spielzeuge ohne Verpackung ausgestellt sind. Dann siehst du genau, wie groß sie sind, und kannst das Material und die Oberfläche anfassen. Du kannst sie einschalten, hören, wie laut sie sind, spüren, wie kraftvoll die Vibrationen sind, und dir überlegen, ob sie einfach und komfortabel zu verwenden sind.

Außerdem können die Verkäufer/-innen dir Tipps und Empfehlungen geben. Ein persönlicher Einkauf kann dir helfen, genau das richtige Spielzeug für euch zu finden.

Und warum nimmst du deine Partnerin nicht einfach mit? In den meisten Großstädten gibt es inzwischen helle, freundliche Läden mit guter Beratung. Allerdings habe ich auch schon gute Erfahrungen mit der Beratung in den klassischen Sexshops gemacht, also in denen mit schwarzem Dekor, einer großen Pornoabteilung und Männern mit hochgeschlagenem Mantelkragen. Und so eine verruchte Atmosphäre kann dem Einkaufsbummel auch den gewissen Kick geben. Die wenigsten Läden bieten jedoch eine so große Auswahl und so gute Preise wie das Internet.

Hast du die Möglichkeit zum persönlichen Einkauf nicht oder scheust den Weg, dann suche eine seriöse Website aus. Du erkennst sie an detaillierten Produktbeschreibungen mit Größen- und Materialangaben, mit Fotos der Spielzeuge selbst und nicht nur der Verpackungen, an Kundenbewertungen und telefonischer Kundenbetreuung.

Es gibt sehr stylische Online-Shops, die jedoch häufig etwas teurer sind, oder Massenshops, die sich gegenseitig in den Preisen unterbieten. Je nach persönlichem Geschmack blätterst du mit deiner Liebsten durch die Website eines schicken Shops, oder ihr nehmt euch mehr Zeit und eine

Portion Humor und stöbert zwischen schlecht produzierten Riesendildos und anderen Skurrilitäten nach brauchbaren und qualitativ guten Spielzeugen in einem Massenshop. Aber Achtung! Wenn du das erste Mal so eine Website durchblätterst, kann die Suche zu einem echten Comedy-Event werden und durchaus den einen oder anderen angeekelten Blick provozieren. (Meine Website-Empfehlungen findest du im Anhang.)

Kleine Spielzeugkunde

Hier einige Infos, damit du das beste Spielzeug oder die besten Spielzeuge (Plural!) für dich und deine Partnerin finden kannst.

Hart oder weich: die Materialfrage

Es beginnt beim Material mit einer riesigen Auswahl – von verschiedensten Kunststoffen bis hin zu Glas und Holz, von weicheren Ausführungen bis hin zu ganz harten.

- Wenn es um *elastische, weiche Sextoys* geht, empfehle ich Silikon. Es ist das hochwertigste Material, verursacht keine Reizungen (deswegen wird es auch in der Medizin verwendet) und hält sehr lange. Die Oberfläche ist nicht porös und lässt sich daher gut reinigen und desinfizieren. Silikon passt sich schnell der Körpertemperatur an und ist auch angenehm anzufassen. Der einzige Nachteil ist, dass solche Sextoys nicht mit Silikon-Gleitmittel verwendet werden können, da sich viele dieser Gleitmittel mit Silikon verbinden und das Spielzeug dadurch Schaden nehmen kann. Du musst daher Gleitmittel auf Wasserbasis verwenden oder ein Kondom über das Spielzeug ziehen.
- Nicht zu empfehlen ist das sogenannte »*Jelly*«. Es ist oft durchsichtig und stinkt ganz erbärmlich nach Plastik – egal, wie lange du es auslüftest. Es enthält außerdem gesundheitlich bedenkliche Weichmacher aus der Gruppe der Phthalate. Wenn du denkst, das sei doch sicher verboten: So ist es leider nicht (laut ÖKO-TEST-Jahrbuch »Gesundheit« 2010). In Kinderspielzeugen sind sie verboten, für Sextoys fehlen entsprechende Regelungen.

- Möchtest du ein *festes Spielzeug*, gibt es eine große Auswahl an Materialien: Glas, Plexiglas, Hartplastik, Stahl, Aluminium, Holz und Stein. Harte Materialien haben den Vorteil, dass du den G-Punkt wirklich genau ansteuern kannst und sich das Spielzeug dann nicht verbiegt und womöglich einen ganz anderen Punkt stimuliert. Das ist gerade für den G-Punkt gut, denn möglicherweise willst du viel Druck ausüben.

Glas und Metall sind dafür sehr edle Materialien, aber auch teuer. Plexiglas und Hartplastik bieten günstigere Alternativen. Holz und Stein sind eher selten und in nicht so vielen Formen verfügbar. Sie alle haben den Vorteil, dass sie eine sehr glatte Oberfläche besitzen und daher sehr gut gleiten.

Glas und Metall fühlen sich anfangs etwas kalt an, sind jedoch sehr einfach zu erwärmen. Entweder nimmst du sie für eine Weile in die Hand oder, noch besser, hältst sie kurz unter warmes Wasser und hast im Handumdrehen die ideale Temperatur!

Stille Zeitgenossen: Dildos

Dildos sind nichtvibrierende Spielzeuge, die zum Einführen gedacht sind und deren Form dem Penis nachempfunden ist. Viele Paare verwenden Dildos für alle Arten von Sexspielen, und sie sind besonders hilfreich bei der G-Punkt-Stimulierung. Du kannst nämlich die perfekte Länge, Dicke und die richtige Krümmung aussuchen – mit (d)einem Penis geht das nicht, und auch deine Finger sind vielleicht zu kurz oder müde.

Dildos gibt es in vielen verschiedenen Materialien, die meisten sind jedoch entweder aus Gummi, weichem PVC oder Silikon, eher selten aus Glas, Plexiglas, Stahl oder Holz. Es gibt sie in verschiedenen Längen und Stärken, und sie können so dünn wie ein Finger oder deutlich dicker sein. Manche sehen genauso aus wie ein Penis, inklusive der Äderchen und angedeuteter Hoden.(Falls dich die realistische Nachbildung irritiert, wähle vielleicht lieber einen Dildo, der nicht wie ein Penis aussieht.)

Achte beim Kauf darauf, dass die Größe für deine Partnerin angenehm ist. Nicht immer ist größer auch besser!

Mein Tipp dazu: Für Toys aus qualitativ hochwertigen Silikonen bekannte Hersteller sind zum Beispiel Fun Factory, Playstixx oder Lelo.

Hart, aber herzlich: stimulierende Kunstwerke in verschiedenen Formen

Manche Formen haben kaum etwas mit einem Penis gemein, und Männer, die sonst eher das Gefühl haben, mit dem Spielzeug einen Konkurrenten an der Seite zu haben, fühlen sich vielleicht damit wohler. Diese Toys sind eher moderne Kunstwerke und könnten auch in einer Vitrine stehen.

- Viele Menschen genießen die geschwungenen Formen und leuchtenden Farben von *Glasdildos*. Abgesehen von ihrer Schönheit sind sie auch für die G-Punkt-Erforschung bestens geeignet: Mit dem harten Material lässt sich gut Druck ausüben, und sie brauchen nur sehr wenig Gleitmittel, weil die Oberfläche schon so glatt ist. Auf die richtige Temperatur lassen sie sich leicht bringen, indem sie kurz unter warmes Wasser oder für eine Weile in beiden Händen gehalten werden. Sie lassen sich zudem leicht desinfizieren und lagern. Im Durchschnitt sind sie etwas teurer, und bei sehr grobem Umgang besteht die Gefahr, dass sie brechen; doch das sind schon die einzigen Nachteile.

- Auch elegant geformte Sexspielzeuge aus *Metall* können mit ihrer kühlen Optik beeindrucken und sprechen manche Menschen sehr an. Die Vorteile sind wie bei Glas die gute Gleitfähigkeit, die einfache Anpassung der Temperatur und die Möglichkeit, sie gründlich zu reinigen. Anders als bei Glas muss man nicht befürchten, das sie entzweigehen, und es gibt auch Varianten mit eingebauter Vibration.

Glas- und Metall-Toys liegen beide durch das größere Gewicht gut in der Hand.

- Du willst einen festen, unbeweglichen Zauberstab, aber nicht den Preis für Glas oder Metall zahlen? Dann sind durchsichtiges *Plexiglas* oder *Hartplastik* gute Alternativen für dich. Beides gibt es in vielen Farben und Formen. Achte darauf, dass keine Nähte vorhanden sind, denn das kann unangenehm sein.

- Es werden auch Kunstwerke aus *Holz* oder *Stein* angeboten. Sie sind aber schwieriger zu finden, und die Auswahl ist kleiner.

Jetzt mit Gebrumm: Vibratoren

Vibratoren haben dieselbe Bandbreite an Formen und Größen wie Dildos, besitzen jedoch zusätzlich einen oder mehrere Motoren, die Vibrationen erzeugen. Diese Motoren werden durch Batterien oder wiederaufladbare fest eingebaute Akkus mit Strom versorgt. Es gibt große Unterschiede bei den Toys, was die Stärke der Vibration betrifft und die Möglichkeiten, diese stufenweise zu steuern oder ganze Vibrationsprogramme zu erleben.

Zusätzlich zu dem Druck des Dildos kannst du durch Vibrationen den G-Punkt aufwecken. Sie steigern die Durchblutung der gesamten Vagina und sind für viele Frauen sehr lustvoll.

- Eine relativ neue Entwicklung sind die sogenannten Pulsatoren: Vibratoren mit »Vorwärtsbewegung« von Fun Factory. Wer sich dafür interessiert, findet Videos im Internet oder lässt sich so einen Pulsator im Sexladen vorführen.
- Für Neugierige gibt es inzwischen auch Vibratoren der Firma Svakom, die mit einer Kamera ausgestattet sind: Am Laptop lässt sich verfolgen, was im Inneren der Frau vorgeht.
- Der letzte Schrei sind Apps fürs Telefon, mit denen sich eigene Vibrationsprogramme erstellen und auch über die Ferne steuern lassen. Gut für Paare mit Fernbeziehung!
- Manche Vibratoren sind extraklein und zum Beispiel wie ein Lippenstift geformt. Sie können dezent in der Handtasche mitgenommen werden und sind im passenden Moment zur Hand.

Am besten sind Vibratoren, die sich stufenlos regeln lassen, denn zu viel des Guten kann schnell zu einer Überreizung führen. Beginne immer mit einer sanften Einstellung und steigere diese langsam. Achte auf die Reaktionen deiner Partnerin. Manche Frauen mögen starke Vibration, andere nicht. Auch hier gilt: Hol dir immer Feedback von deiner Partnerin, denn nicht jede Frau mag Vibratoren oder etwas »Künstliches« in ihrer Vagina!

Brummende Schmeichler

Neben den einführbaren Vibratoren gibt es eine Menge sogenannter *Aufliegevibratoren*. Sie sind speziell dafür gemacht, auf der Vulva zu liegen und die Klitoris zu stimulieren. Sie können flacher, kleiner, größer oder einfach von der Form her eher unpassend für das Einführen sein.

- Ihr auffälligster und größter Vertreter beruht auf dem Modell »Magic Wand« von Hitachi, das in den USA sehr bekannt ist. Ursprünglich als allgemeiner Massagestab zum Beispiel für den Nacken gedacht, wurde er bald berühmt als einer der stärksten Vibratoren überhaupt. Er wird mit einem Netzkabel betrieben und ermöglicht daher deutlich stärkere Vibrationen, als sie mit Batterien zu erreichen sind – kein Wunder! In Deutschland gibt es Nachbauten dieses Vibrators, denn offiziell durfte er hier nie verkauft werden: kein TÜV!

Die Vibrationen selbst sind zu Beginn sicher zu stark für die Klitoris. Du kannst jedoch mit dem Venusbein beginnen, sodass die Vibrationen sich über den Knochen auf den gesamten Unterleib übertragen.

Für diesen Boliden gibt es verschiedene Aufsätze, die in die Vagina einführbar sind, auch einen für den G-Punkt. Meinem Empfinden nach ist die Vibration zu stark für die Vagina, aber auch das kann bei anderen Frauen anders sein.

Wer die Vibrationen an der Klitoris feiner dosieren möchte, kann eine Hand, einen Finger oder ein Stück Stoff zwischen Vibrator und Klitoris halten.

Meiner Erfahrung nach ist der Magic Wand früher oder später ein Orgasmusgarant bei jeder Frau. Das ist dann jedoch ein Klitorisorgasmus, und hier geht es ja um den G-Punkt.

Eine Möglichkeit, ihn für den G-Punkt zu nutzen, ist die Kombination mit einem G-Punkt-Spielzeug aus Glas oder Stahl. Diese Spielzeuge vibrieren ja selbst nicht, lassen sich jedoch sehr genau auf dem G-Punkt platzieren. Anschließend kannst du den Magic Wand gegen das Spielzeug halten: Die Vibrationen übertragen sich, und so hast du das Beste aus beiden Welten.

Bei Youtube gibt es ein Video von mir dazu unter: http://www.lovebase.com/magicwand

- Die meisten anderen Aufliegevibratoren sind klein und zierlich, sie sehen eher wie Handschmeichler aus. Zum Teil werden sie mit Gummibändern auf der Klitoris festgehalten, sodass du ganz ungestört Zeit hast, dich dem G-Punkt deiner Partnerin zu widmen!

Auch hier ist es wunderbar, wenn sie stufenlos regelbar sind, was jedoch bei den kleineren Geräten nicht so oft der Fall ist. Sehr vorteilhaft ist es außerdem, wenn sich die Steuerung nicht direkt am Vibrator befindet, sondern mit einem Kabel verbunden ist, weil er sich so viel leichter bedienen lässt. Wer schon einmal mit von Gleitgel glitschigen Fingern versucht hat, ein feines Rädchen präzise einzustellen, weiß, wovon ich rede. Oft sind im Bedienungsteil dann auch die Batterien untergebracht, was einen weiteren Vorteil darstellt, denn je größer die Batterie ist, desto kraftvoller die Vibrationen.

Mein Tipp: Gute Firmen sind Fun Factory, Sinfive oder Lelo. Am besten gehst du in einen Laden, wo du alles anfassen und auch die Größe vergleichen kannst. Solche Vibratoren sind oft echte Hingucker und eignen sich wunderbar als Geschenk.

Wie die Kaninchen: die Rabbits

Ihr englischer Spitzname ist *Rabbit*, zu Deutsch »Kaninchen«. Diese Doppelvibratoren machen doppelt Spaß, denn sie sind einführbar und stimulieren gleichzeitig die Klitoris.

Bei guten Doppelvibratoren kannst du die Vibration für den einführbaren Teil und den aufliegenden Teil getrennt steuern.

Die Form ist meist ein phallischer Schaft, an dem der Klitorisstimulator angesetzt ist. Die Steuerung und die Batterie sind entweder in das Ende des Schafts integriert oder in einem eigenen Gehäuse untergebracht, das über ein Kabel verbunden ist.

Einige Doppelvibratoren haben einen gebogenen oder biegsamen Schaft, denn dies ermöglicht es dir, den Winkel genau zu bestimmen, was gerade für den G-Punkt besonders praktisch ist. Bei manchen rotiert der phallische Teil des Vibrators und stimuliert so die Vaginalwände extra.

Auch der Klitorisstimulator variiert von Produkt zu Produkt. Manche Aufsätze sehen wie ein Tierchen mit Ohren oder Flügeln aus, andere haben schöne abstrakte Formen.

Mein Tipp: »Paul und Paulina« von der Fun Factory verbindet die Klitorisstimulation mit einem Vibrator, dessen gebogene Spitze den G-Punkt besser stimuliert.

Eine andere Form entspricht eher einer U- oder S-Form. Manche haben eine besonders stark gebogene Form und können daher für

»freihändigen« Spaß verwendet werden. Der innere Teil liegt auf dem G-Punkt auf, und das äußere Ende vibriert gleichzeitig an ihrer Vagina und Klitoris.

Paar-Vibratoren

Es gibt auch Vibratoren, die so klein sind, dass sie während der Penetration getragen werden können. Dabei übertragen sich die Vibrationen auf beide Partner! Einen davon, den We-Vibe 4, stelle ich euch gleich an dieser Stelle vor.

Spielzeuge: Meine Auswahl für Spiele zu zweit

Du hast nun schon viel über die verschiedenen Arten von Sextoys erfahren, und jetzt möchte ich dir ein paar besonders empfehlenswerte Toys vorstellen.

Kühle Schönheit: »Pure Wand« von Njoy

Der »Pure Wand« von Njoy aus Edelstahl sieht aus wie ein Smiley und hat echte Fans. Durch das Metall ist er besonders schwer (fast 700 Gramm!) und liegt damit gut in der Hand, was für die G-Punkt-Stimulation ideal ist. Die Form ist nicht nur schön, sondern auch sehr funktionell: Die gebogenen, kugelförmigen Enden stimulieren den G-Punkt besonders gut und eignen sich auch perfekt als Griffe beim Sologebrauch oder für Spiele zu zweit. Durch die unterschiedliche Dicke der beiden Seiten lässt sich die Art der Stimulation auch noch ein wenig variieren.

Als Alternative zum Edelstahl gibt es ähnlich geformte Dildos aus Glas oder Plexiglas.

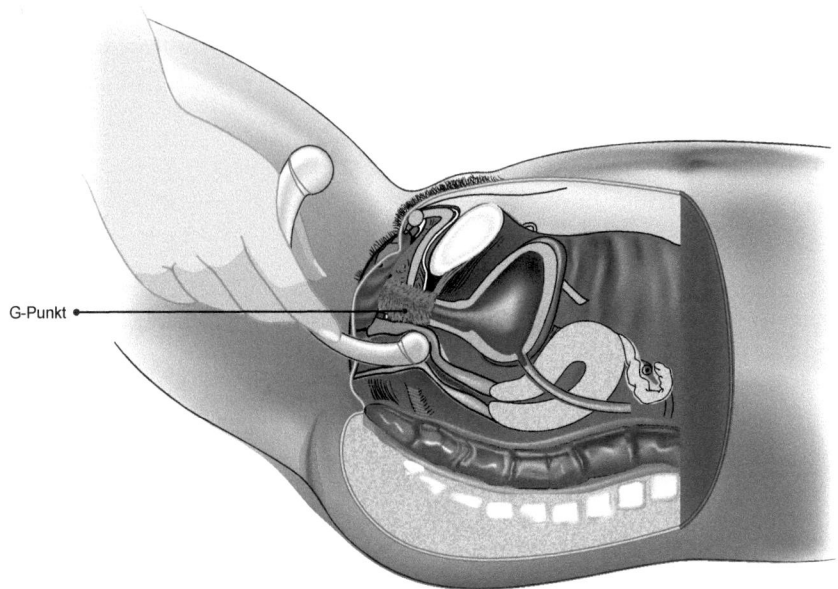

G-Punkt

Der G-Punkt kann mit einem festem Sextoy wie dem Pure Wand sehr gut erreicht werden.

Formschöner Doppelvibrator: »Delight« von Fun Factory

Dieses Spielzeug von Fun Factory ist ein s-förmiger Vibrator aus Hartplastik in Kombination mit Silikon, also dem besten aus zwei Welten. Der feste Griff aus Hartplastik sorgt für Stabilität, die weichere Spitze aus Silikon lässt sich gut mit dem Griff sowohl solo als auch vom Partner auf genau die richtige Stelle positionieren. Durch die S-Kurve kann auch die Klitoris gleichzeitig stimuliert werden. Die Vibration ist regulierbar, und es gibt verschiedene Vibrationsprogramme. Der Vibrator ist wiederaufladbar und feuchtigkeitsresistent.

Hände frei: der »We-Vibe 4«

Ein einzigartiger Vibrator: Er wird eingeführt und bleibt danach von allein an der richtigen Stelle. Die Hände sind also wieder frei! Er besteht aus Silikon, ist wiederaufladbar, wasserfest und liefert gleichzeitige klitorale und G-Punkt-Stimulation. Die Form ähnelt einer weichen Zange mit einem schmaleren und einem etwas breiteren Ende. Er ist so schmal, dass deine Partnerin ihn während des Geschlechtsverkehrs tragen kann und er dabei nicht im Weg ist. Und du selbst hast auch noch etwas davon, da sich die Vibration auf den Penis überträgt.

Der Vibrator ist vielleicht am Anfang etwas gewöhnungsbedürftig – nehmt euch daher Zeit, um ihn auszuprobieren.

Für Fortgeschrittene gibt es die Möglichkeit, per App auf dem Telefon eigene Vibrationsprogramme zu installieren, die auch aus der Ferne gesteuert werden können.

Reinigung und Pflege deines Spielzeugs

Sexspielzeuge sind nur dann eine Freude, wenn sie funktionieren und sauber sind!

Allzeit bereit

Sorge bei batteriebetriebenen Toys dafür, dass du Ersatzbatterien zur Hand hast. Es nervt schon ziemlich, wenn mitten im Geschehen der Saft ausgeht.

Gut sind die wiederaufladbaren Geräte: Du brauchst nie mehr an Batterien zu denken. Bei wiederaufladbaren Produkten achtest du am besten genau auf die Ladeanweisungen des Herstellers. Im Normalfall musst du das Spielzeug vor dem ersten Gebrauch vollständig aufladen.

Außerdem gibt es ja auch Geräte mit Kabel, die du an die Steckdose anschließen kannst. Da brauchst du nur eine Steckdose in Reichweite oder ein Verlängerungskabel.

Schön hygienisch

Um dein Spielzeug so lange wie möglich verwenden zu können, ist es wichtig, es nach jeder Benutzung richtig zu reinigen.

Es ist gut zu wissen, aus welchem Material dein Spielzeug besteht, denn nicht jedes Spielzeug kann auf die gleiche Weise gereinigt werden. Je nach Material kannst du manche sogar desinfizieren und dadurch prinzipiell auch von anderen Personen verwenden lassen. Außerdem bestimmt das Material, mit welchem Gleitmittel es verwendet werden kann. Zieh im Zweifelsfall ein Kondom über das Spielzeug.

Hier ein paar Beispiele. Wasserfeste Spielzeuge können komplett im Wasser untergetaucht werden. Wasserresistente Spielzeuge hingegen werden zwar nicht beschädigt, wenn sie mit Wasser in Berührung kommen, können zum Reinigen jedoch nicht ins Wasser gelegt werden.

• Als Faustregel gilt: Ist es Plastik, aber nicht Silikon, kann es mit einem Spielzeugreiniger oder einfach mit warmem Wasser und Seife gereinigt werden. Diese Spielzeuge lassen sich jedoch nicht desinfizieren.

• Dildos aus Silikon ohne Motor kannst du sogar in kochendem Wasser desinfizieren. Sobald es sich aber um einen Vibrator mit Motor handelt, ist das keine so gute Idee mehr, denn selbst wenn das Spielzeug wasserfest ist, könnte die Hitze vermutlich ein Problem darstellen.

• Plexiglas, Metall und Glas lassen sich wunderbar mit einem Spielzeugreiniger oder mit milder Seife und warmem Wasser reinigen – auch da kommt dir die glatte Oberfläche zugute. Zum Desinfizieren nimmst du Alkohol oder einen desinfizierenden Spielzeugreiniger. Achte darauf, dass keine Reste des Reinigungsmittels auf dem Sextoy bleiben – die Vagina deiner Partnerin wird es dir danken.

Manche Menschen legen ihre Spielzeuge auch einfach mit in die Spülmaschine. Das solltest du natürlich nur machen, wenn sie wasserfest und hitzebeständig sind. Ich schlage vor, die Spielzeuge danach noch einmal gründlich abzuspülen. Das Spülmittel der Spülmaschine ist sehr aggressiv, und Reste davon können auf dem Spielzeug verbleiben, insbesondere wenn es eine etwas kompliziertere Form hat. Entweder verwendest du also kein Spülmittel oder du spülst das Spielzeug nach der Spülmaschine noch einmal gründlich ab.

Nach dem Waschen solltest du dein Spielzeug aus Plastik oder Silikon an der Luft trocknen lassen, denn wird es mit einem Handtuch abgetrocknet, können Flusen daran hängenbleiben. Wenn du es abtrocknen willst, eignet sich dazu das Papier von einer Küchenrolle gut. Weiche Taschentücher hinterlassen dagegen oft Fusseln.

Glas- und Metalltoys kannst du mit einem weichen Lappen, etwa aus Microfaser, richtig zum Glänzen bringen.

Sicher verwahrt

Bei der Aufbewahrung solltest du darauf achten, dass es auf keinen Fall direktem Sonnenlicht oder einer anderen Hitzequelle ausgesetzt wird, sonst verformt es sich schlimmstenfalls, oder die Farbe bleicht aus. Es sollte sich um einen luftigen, aber keinesfalls feuchten Lagerort handeln.

Am besten ist es, du bewahrst jedes Spielzeug separat in einem kleinen Säckchen auf. Satin oder Seide eignen sich gut für Silikonspielzeuge. Samt ist für Glas und Metall gut geeignet.

Und zu guter Letzt:

Wenn ein Toy kaputt ist (verformt, eingerissen, Batterien ausgelaufen oder sonstige Beschädigungen), wirf es weg!

● Ein-Stellungssache: G-Punkt und Geschlechtsverkehr

Nachdem ich in den letzten Kapiteln ausführlich beschrieben habe, wie du den G-Punkt der Frau mit deinen Fingern und mit Sexspielzeugen stimulieren kannst, will ich dir als Nächstes Stellungen vorschlagen, in denen sich der G-Punkt bei der Penetration gut stimulieren lässt.

Besonders gut funktioniert das, wenn die Frau schon sehr erregt und der G-Punkt viel prominenter in der Vagina ist, weil er durch die starke Durchblutung angeschwollen ist.

Eine gute Idee ist es also, den G-Punkt zuerst mit deinen Fingern zu stimulieren und später zur Penetration überzugehen.

Stimulierende Positionen

Um die Chancen zu erhöhen, den G-Punkt deiner Partnerin gezielt zu stimulieren, solltet ihr unbedingt verschiedene Positionen ausprobieren. Nachfolgend liste ich einige Stellungen auf, die besonders gut geeignet sind, um den G-Punkt zu erreichen.

Stellung: Doggy-Style

- Deine Partnerin kniet auf allen vieren vor dir und senkt ihren Kopf und ihre Schultern. Dadurch streckt sich ihr Hintern automatisch in die Höhe und bietet somit einen idealen Winkel, um den G-Punkt zu erreichen. Wenn du von hinten in sie eindringst, hat dein Penis einen anderen Winkel und trifft den G-Punkt möglicherweise besser. Da jeder Penis einen leicht anderen Winkel hat und auch je nach Grad der Erektion unterschiedlich ist, müsst ihr ausprobieren, ob diese Stellung gut funktioniert.

Stellung: Fliegender Hund

- Deine Partnerin kniet wie im Doggy-Style vor dir, jedoch genau an der Bettkante, sodass du aufrecht hinter ihr stehen kannst. Das hängt aber von deiner Körpergröße sowie der Höhe des Bettes ab.
- Alternativ zum Bett kannst du nach anderen Möbeln Ausschau halten, vielleicht hat das Sofa eine passendere Höhe.

  Wenn du von etwas weiter oben in sie eindringst, kann dein Penis ihren G-Punkt noch besser stimulieren. Experimentiere mit dem Winkel.

  Diese Stellung ermöglicht dir noch kräftigere Stöße und somit eine intensivere Stimulation des G-Punkts.

Stellung: Die Reiterin

- Du liegst mit ausgestreckten Beinen auf dem Rücken, deine Partnerin lässt sich mit gespreizten Beinen langsam auf dir nieder und nimmt deinen Penis in sich auf.

  Sie hat nun die Kontrolle über Winkel, Tiefe und den Rhythmus der Stöße. Sie kann ihren ganzen Körper oder nur ihr Becken vor- und zurückbewegen, um die perfekte Position zur G-Punkt-Stimulation zu finden.

  Du hast währenddessen einen tollen Ausblick auf ihren Körper und leichten Zugriff auf ihre Klitoris.

- Während sie auf dir reitet, drücke deinen Penis gegen ihren Venushügel, um den Druck auf den G-Punkt zu erhöhen.
- Für noch mehr Bewegungsfreiheit kann deine Partnerin auch auf ihren Füßen hockend auf dir reiten.
- Probiert unbedingt auch die umgekehrte Reiterstellung aus, bei der sich deine Partnerin umdreht und dir den Rücken zuwendet, während sie auf dir sitzt. Abhängig von der Krümmung deines Penis kann diese Position von ihr als noch intensiver empfunden werden.

Stellung: Löffelchenstellung in Seitlage

- Ihr liegt beide auf der Seite, du hinter deiner Partnerin, und ihr schmiegt euch wie zwei Löffel in der Besteckschublade aneinander.

  Du dringst von hinten in sie ein. Dein Penis kommt bei jedem kurzen Stoß mit dem G-Punkt in Kontakt. Diese Position ist perfekt, wenn dei-

ne Partnerin zwar auf Sex von hinten steht, aber nicht auf tiefe, kraftvolle Stöße. Und viel Haut an Haut ist bei dieser Position garantiert.
- Da du dich nirgends abstützen musst, hast du eine Hand frei, mit der du ihre Brüste oder Klitoris stimulieren kannst.

Stellung: Löffelchenstellung auf dem Bauch
- Deine Partnerin liegt vor dir auf dem Bauch. Spreize ihre Beine leicht auseinander, sodass du einfacher von hinten in sie eindringen kannst. Sobald du in sie eingedrungen bist, lege dich ganz auf ihren Rücken. Durch dein Gewicht erhöhst du den Druck, der auf den G-Punkt ausgeübt wird.
- Tiefe und kraftvolle Stöße sind in diesem Fall nicht möglich, du machst stattdessen leichte Schaukelbewegungen. Der Winkel dieser Stellung macht's aus.

Stellung: Schaukelpferd
- Du sitzt bequem auf einem Sessel, deine Partnerin sitzt auf deinem Schoß und umschlingt dich mit ihren Beinen. Im Sitzen hast du weniger Bewegungsfreiheit und kannst daher nur kurze Stöße ausführen, die aber jedes Mal genau den G-Punkt treffen können.
- Die Schaukelpferd-Position funktioniert nicht nur von vorn, sondern auch von hinten. Deine Partnerin dreht sich also um, sodass sie mit dem Rücken zu dir und mit den Füßen auf dem Boden auf deinem Schoß sitzt. Sie kann sich entweder an den Armlehnen oder an einem Möbelstück vor ihr abstützen.
  Die Frau hat hier wieder die Kontrolle. Sie lässt sich auf dir nieder, nimmt deinen Penis in sich auf und steuert die Tiefe des Eindringens sowie die Bewegungen, um den G-Punkt optimal zu stimulieren.
- Indem sie sich vor- oder zurücklehnt, verändern sich der Winkel und der Druck auf den G-Punkt.

Stellung: Umgekehrte Schubkarre
- Deine Partnerin liegt auf dem Rücken, während du zwischen ihren Beinen kniest. Du legst ein festes Kissen oder eine zusammengerollte

Decke unter ihren Po und unteren Rücken, sodass sich ihr Becken dir entgegenhebt. In dieser Position hast du viel Bewegungsfreiheit in den Beinen und kannst kraftvolle und sanfte Stöße abwechseln, ganz so, wie es euch beiden gefällt.

Yab-Yum

Yab-Yum ist eine klassische Tantra-Sexstellung, die sich sehr gut für langen Sex eignet, der nicht auf schnelle Steigerung der Erregung aus ist, sondern eher in einem Valley-Orgasmus endet.

- Du sitzt im Schneidersitz auf einem festen Kissen am Boden (oder im Bett), deine Partnerin sitzt dir zugewandt auf deinem Schoß (oder ebenfalls auf einem festen Kissen) und umschlingt dich mit ihren Beinen. Anstatt deine Beine anzuwinkeln, kannst du sie auch ausstrecken, oder sie kann über dir hocken. Für mehr Bequemlichkeit kannst du dich anlehnen. Nehmt Hilfsmittel und verändert die Position so lange, bis sie für euch beide bequem ist.
- Jetzt könnt ihr eine Art Schaukelbewegung machen, oder sie kann, wenn sie sehr kräftig ist, ihr Becken auf und ab bewegen. Toll ist der Blickkontakt und die Freiheit der Hände für beide.
- Wenn ihr tiefer in die Welt des Tantras eindringen möchtet, probiert Augenkontakt und synchrones Atmen aus.
  Aufgrund des ungewöhnlichen Winkels wird bei manchen Frauen der G-Punkt besonders gut stimuliert. Probiert aus, ob die Stellung für euch beide gut ist oder ob andere besser funktionieren.

Pénétration de luxe: Sextoys der besonderen Art

Mithilfe von Kissen kannst du es dir und deiner Partnerin beim Sex auch in ungewohnten Stellungen schön bequem machen. Insbesondere bei Rückenproblemen oder anderen Bewegungseinschränkungen ist das eine große Hilfe.

Es gibt Sex- oder Liebeskissen zu kaufen, die speziell dafür kreiert wurden, und das in vielen Formen und Qualitäten. Die besseren haben einen weichen, samtigen Bezug, der wasserresistent und waschmaschinenfest ist. Man kann sich aber auch im Schaumstoffladen Kissen zuschneiden lassen, etwa in Keilform.

• Alternativ sind Meditationskissen in runder oder Hörnchenform nützlich. Sie sollten mit einem festen Material wie Dinkelspelz oder Buchweizen gefüllt sein, sodass sie wirklich Halt geben und nicht bei Belastung einfach zusammengedrückt werden.

• Wenn ihr nichts dergleichen im Haus habt, können auch ein fest zusammengerolltes großes Handtuch oder eine gefaltete Decke gute Dienste leisten. Nimm aber eine Decke, die du waschen kannst, oder lege etwas darüber, das waschbar ist.

Komfort: Kissen für alle Fälle

Hier noch ein paar weitere Ideen, wie ihr euch Kissen zunutze machen könnt. Du wirst überrascht sein, was eine kleine Änderung der Position an neuen Empfindungen ermöglicht.

• Insbesondere für alle Arten von G-Punkt- und Genitalmassagen, wenn deine Partnerin auf dem Rücken liegt: Lege ein Kissen unter ihren Po. So ist die Vagina für dich viel besser erreichbar, und du musst dir nicht die Handgelenke verrenken.

• Wenn sie auf dem Rücken liegt und du ihre Vagina länger massierst, sind Kissen unter ihren Knien sehr angenehm – und schließlich willst du ja, dass sie entspannt ist und genießt.

• Auch Sex, bei dem sie auf dem Rücken liegt, wird durch ein Kissen unterm Po besser, weil ihr so verschiedene Winkel ausprobieren könnt und die Penetration tiefer wird.

- Wenn ihr im Doggy-Style Sex habt, kann sie sich ein Kissen unter die Brust legen und hat dann wieder ihre Hände frei, ohne im Kopfkissen zu ersticken – auch sehr nützlich ...
- In der Yab-Yum-Stellung hilft dir ein größeres Kissen unter dem Po der Frau dabei, ihr Gewicht zu tragen.
- In der Reiterstellung kann ein kleines Kissen unter dem Po des Mannes die Penetration deutlich vertiefen.

● Von A bis G: Analsex und G-Punkt-Stimulation

Der G-Punkt ist auch durch den Anus zu stimulieren, daher beschäftigt sich dieses Kapitel mit Analsex.

Ich bin mir dessen bewusst, dass Analsex nicht für jeden und jede ist. Wenn es dich gar nicht interessiert, kannst du dieses Kapitel überspringen. Andererseits kannst du meiner Ansicht nach nie zu viel über Sex wissen.

Ich gehe auch auf die psychologischen Aspekte ein, die dich vielleicht davon abhalten, Analsex zu genießen, und räume mit einigen Vorurteilen bezüglich der Hygiene auf.

Anus und Analkanal bestehen aus einem sehr weichen Gewebe mit unzähligen Nervenenden, wodurch sie besonders empfindsam sind, sodass die Stimulation hier sehr lustvoll sein kann (aber auch sehr schmerzhaft, wenn du zu ungestüm bist oder wenn Reibung aufgrund von Trockenheit entsteht).

Im Inneren sind Vagina und Anus nur durch eine dünne Membran voneinander getrennt, dadurch fühlen viele Frauen auch beim Analsex, wie die Vorderwand der Vagina stimuliert wird. Durch die spezielle Kurve des Analkanals und Rektums und mit dem richtigen Winkel und der passenden Technik kann der G-Punkt gezielt stimuliert werden. Obwohl der Druck geringer ist als bei der vaginalen Penetration, sagen viele Frauen, dass sie die G-Punkt-Stimulation während des Analsexes besonders intensiv erleben. Das kann auch daran liegen, dass neben den Nerven rund um die Vagina zusätzlich die Nerven im Analbereich stimuliert werden – die Mischung macht's!

Diese indirekte Stimulation des G-Punkts (mit oder ohne klitorale Stimulation) bringt einige Frauen zum Orgasmus. Auch die doppelte Wirkung von vaginaler und analer Penetration wird von einigen Frauen geliebt. Dringt etwas in den Anus ein, dann zieht sich die Vagina automatisch zusammen. Mit deinem Penis in ihrem Po und einem Finger oder kleinen Dildo in ihrer Vagina bist du daher auf dem besten Wege, sie in eine G-Punkt-Ekstase zu versetzen.

Zuvor besprechen wir aber noch einiges Grundsätzliche über Analsex, und ich erkläre dir außerdem die besten Positionen für die G-Punkt-Stimulation.

Wichtiges rund um den Analsex

Analsex ist für viele Menschen etwas Besonderes. Dabei spielen sowohl psychologische als auch praktische Faktoren eine Rolle. Tu also nicht so, als wäre es das Normalste von der Welt, Analsex zu haben. Das mag zwar erst einmal nach einer guten Taktik aussehen, aber es übergeht bei den meisten Frauen Gefühle und Bedenken. Sieh es lieber so: Wenn ihr diese Hürden gemeinsam nehmt, bringt es euch einander näher und stärkt das Vertrauen.

Tabus und andere psychische Widerstände

Dass es psychologische Unterschiede gibt, kannst du leicht am eigenen Körper überprüfen. Die meisten Männer finden es sehr schwierig, sich vorzustellen, selbst anal penetriert zu werden. Warum sollte es für die Frau anders sein?

Oft ist der Analbereich mit Tabus belegt, weil auch Exkremente in unserer Gesellschaft tabu sind. Gerade in Deutschland drehen sich viele Schimpfworte um Exkremente und Körperfunktionen rund um Ausscheidungen. »Scheiße«, »Arschloch«, »sich auf den Arsch setzen« und »kneif den Arsch zusammen« sind nur einige Beispiele.

Auch wenn es für eine Frau vielleicht lustvoll ist, kann es sein, dass sie weniger bereit ist, mit dir Analsex als anderen Sex zu haben. Dafür gibt es verschiedene Gründe. Am besten ist es natürlich, sie sagt dir selbst, warum. Falls sie das nicht will oder es vielleicht selber nicht genau weiß, schreibe ich hier über einige dieser Gründe.

Eventuell vertraut sie dir nicht genügend

Du fragst dich vielleicht, warum Vertrauen hier auch eine Rolle spielt. Nun, wie schon vorher beschrieben: Frauen wissen, dass sie gemäß dem »Heilige/Hure-Komplex« in der Achtung der meisten Männer sinken, wenn sie Sex mit ihnen haben – besonders, wenn das schnell nach dem Kennenlernen der Fall ist. Sie gelten dann als »leicht zu kriegen«. Und das ist nur noch durch Analsex zu toppen, denn dann heißt es, »die macht alles mit«.

Bevor du jetzt sagst, dass du ja gar nicht so bist, denk einmal daran zurück, wie du das letzte Mal vor deinen Freunden über eine neue Eroberung von dir gesprochen hast, wie du ganz insgeheim über eine Partnerin gedacht hast oder wie du Frauen anguckst, die offensichtlich sexuelles Interesse an dir oder jemand anderem signalisieren. Bringst du ihnen tatsächlich denselben Respekt entgegen wie Frauen, die unnahbar sind und erst aufwändig erobert werden müssen?

Eine andere Möglichkeit sind Schamgefühle

Vielleicht hat man deiner Partnerin, wie so vielen Menschen, in der Kindheit beigebracht, dass die Körperfunktionen etwas Ekliges sind und versteckt werden müssen. Insbesondere rund um den Anus und Stuhlgang wurden uns viele Tabus eingeimpft. Jetzt mit derselben Körperregion, die als eklig und stinkend galt, Spaß zu haben, erfordert, dass wir diverse alte Glaubenssätze über Bord werfen, und das ist nicht immer einfach.

Glaubenssätze über die (mangelnde) Hygiene von Analsex

Viele Menschen befürchten, dass sie beim Analsex mit Stuhlgang in Berührung kommen beziehungsweise dass sie die Kontrolle über ihre Exkremente verlieren. Hier braucht es Aufklärung und vorsichtiges Ausprobieren.

Manche Frauen haben auch schmerzhafte Erfahrungen gemacht, weil jemand versucht hat, zu schnell oder/und mit zu wenig Gleitmittel Analsex mit ihnen zu haben. Sie schließen daraus, dass Analsex für sie wohl nichts sei. Bevor solch eine Frau bereit ist, es mit dir wieder zu versuchen, musst du sie davon überzeugen, dass es sich auch gut anfühlen kann.

Aber egal, welchen Grund es gibt: Respektiere einfach, wenn deine Partnerin mit dir (jetzt) keinen Analsex haben möchte – genauso natürlich wie jede andere sexuelle Praktik, die sie nicht möchte, aus welchem Grund auch immer.

Mach daraus kein Drama, keine persönliche Zurückweisung, sondern tut andere Sachen, die euch beiden Spaß machen.

Praktische Tipps

Neben den psychologischen Faktoren gibt es einige praktische Dinge zu beachten.

Ein Muss: Gleitmittel

- Der Anus produziert keine eigene Feuchtigkeit, daher musst du unbedingt Gleitmittel verwenden, im Zweifel eher zu viel als zu wenig. Wie zuvor besprochen, kannst du Gleitmittel auf Öl-, Wasser- oder Silikonbasis verwenden – auf keinen Fall jedoch ein betäubendes Gleitmittel (mehr dazu im Kapitel »Damit es wie geschmiert läuft«).
- Achte darauf, dass das Gleitgel nicht vom Anus zum Eingang der Vagina fließt, wenn sie auf dem Bauch liegt oder im Doggy-Style auf Händen und Knien steht. Vielleicht legst du ein kleines Handtuch dazwischen. Weniger flüssiges Gleitgel funktioniert hier besser, den es läuft nicht von allein an Stellen, an denen du es weder brauchst noch haben willst.

Langsam und behutsam beginnen

Das Rektum wendet sich zuerst in Richtung Nabel, ein paar Zentimeter dahinter dann in Richtung Wirbelsäule und danach wieder zum Nabel hin. Es macht aber auch Seitwärtsbiegungen, was von Person zu Person unterschiedlich sein kann. Und genau wegen dieser Kurven ist es so wichtig, dass du beim Analsex sehr langsam und sanft vorgehst – vor allem zu Beginn.

Der Schlüssel, um Analsex auch für deine Partnerin lustvoll und angenehm zu gestalten, ist, absolut langsam, geduldig und behutsam vorzugehen. Gehst du zu schnell vor, kann das Liebesspiel schnell mit Schmerz und Frustration enden.

Gerade hier ist ein Aufwärmen wichtig; bloß keine Überraschungs-
angriffe, wo du »zufällig« den Anus penetrierst, weil du »verrutscht« bist!

- Beginne mit vorsichtigem Streicheln und Massieren der Rosette. Viele Frauen mögen es auch, wenn du den gesamten Po knetest und erst
einmal aufwärmst, bevor du dich mehr auf die Rosette konzentrierst.

- Du kannst auch vorsichtig einen Finger oder ein Sextoy einführen.
Es gibt spezielle Spielzeuge für Analspiele, sogenannte *Butt-Plugs* (zu
Deutsch: »Po-Stöpsel«), die als Vorbereitung für Analsex in den Anus
eingeführt werden oder während vaginaler Penetration getragen werden können. Sie haben oftmals Kegelform und eine Verjüngung am unteren Ende, sodass sie vom Schließmuskel an Ort und Stelle gehalten
werden können.

- Es gibt prinzipiell kein »zu eng«, denn der Enddarm ist schließlich auch
in der Lage, unsere Exkremente auszuscheiden, und diese können in
Größe und Form sicher mit den meisten Penissen mithalten. Ohne
Übung sind wir es jedoch nicht gewohnt, dass etwas von außen in unseren Anus eindringt. Um Analsex zu haben, braucht es daher Entspannung und den Mut, sich auf etwas Neues einzulassen.

- Beginne mit etwas Kleinem wie einem Finger oder einem kleien
Butt-Plug, und erst wenn ihr das gefällt, probiere es mit etwas
Größerem.

- Spielst du mit dem Anus einer Frau, kannst du zusätzlich die Klitoris
oder die Vagina stimulieren – viele Frauen mögen die Mischung der
verschiedenen Reize.

Worauf du immer achten solltest

- Dringst du mit deinem Finger in ihren Anus ein, ist es besonders wichtig, kurze, glatte und saubere Fingernägel zu haben. Du willst ja auf
keinen Fall das sensible Gewebe rund um den Enddarm verletzen. Um
auf Nummer sicher zu gehen, kannst du ein Kondom oder Handschuhe
überziehen.

- Analspielzeuge sollten unbedingt einen Griff oder eine breitere Stelle
am Ende haben, sodass sie nicht in den Anus hineinrutschen können –
das würden sie nämlich von selbst tun. Der Darm bewegt sich von allein

und kann dadurch ein Spielzeug, das ihr eben noch gesehen habt, in den Darm verschwinden lassen. Du glaubst gar nicht, was Ärzte schon alles aus dem Analkanal entfernt haben!

- Was einmal mit dem Anus in Berührung gekommen ist, darf anschließend keinesfalls ungewaschen mit der Vagina oder dem Mund in Berührung kommen, denn Darmbakterien können rasch Entzündungen verursachen. Wechsle deine Handschuhe beziehungsweise das Kondom, oder wasche deinen Penis/Finger/das Spielzeug gut ab, bevor du danach in ihre Vagina eindringst.

Und ja, du hast in Pornos vielleicht schon etwas anderes gesehen, doch dann weißt du sicher auch, dass die Darstellerinnen oft wochenlang Antibiotika nehmen? Pornos sind kein Vorbild für Sex, sondern zu deiner Unterhaltung gemacht, und entsprechen genausowenig der Realität wie Actionfilme.

- Wenn deiner Partnerin Analsex wehtut, dann machst du etwas falsch. Das erste Eindringen kann jedoch durchaus ein intensives, schmerzähnliches Gefühl auslösen, weil der innere Schließmuskel nicht bewusst gesteuert werden kann (siehe Anatomie). Macht eine Pause und atmet tief, sodass sich der Schließmuskel entspannen kann. Dann könnt ihr es noch einmal probieren. Tut es dann immer noch weh, versucht es ein anderes Mal wieder.

Hygiene rund um den Analsex

Manche Frauen und auch Männer befürchten, dass Analsex schmutzig ist. Hier helfen Kenntnisse der Anatomie (mehr im Kapitel »Anatomie: ›da unten‹«) und etwas Vorsorge.

Bei der normalen Körperhygiene werden Anus und Rosette genauso sauber wie der Rest des Körpers. Feuchtes Toilettenpapier sorgt zusätzlich für ein sauberes Gefühl.

Im Inneren des Analkanals und des Rektums können Reste von Exkrementen sein, daher lohnt es sich, eine kleine Analdusche durchzuführen. Dafür gibt es kleine Gummibälle mit einer Spritze, die mit warmem Wasser gefüllt werden. Die Spitze der Spritze wird vorsichtig in den Anus eingeführt. Mit etwas Druck auf den Ball wird das Rektum von innen gewaschen.

Es gibt auch kleine Einmalklistiere in der Apotheke zu kaufen, die ebenfalls eine gute Möglichkeit sind, den Analkanal und das Rektum zu reinigen.

Es ist jedoch nicht sinnvoll, jedes Mal vor dem Analsex einen Einlauf zu machen. Bei einem Einlauf lässt du mithilfe des passenden Zubehörs 0,5 bis 1,5 Liter Wasser in den Enddarm laufen. Die Darmflora wird durch eine große Menge »Fremdstoffe« durcheinandergebracht, und ein Einlauf sollte nur mit medizinischer Begründung durchgeführt werden. So ein Einlauf macht außerdem einen Bereich sauber, den du beim Analsex in der Regel nicht erreichst: den Enddarm. Also lieber Analduschen und Klistiere verwenden.

Alternativ kannst du beim Duschen einen Finger mit etwas Seife (eher weniger als mehr, denn das Gewebe des Analkanals und des Rektums ist empfindlich und nicht an Seife gewöhnt) in den Anus einführen und vorsichtig etwas bewegen.

Egal, was du machst, der Kontakt mit Exkrementen ist nicht hundertprozentig auszuschließen und erst recht nicht der Kontakt mit den unsichtbaren Bakterien des Analbereichs. Triff also entsprechende Vorsichtsmaßnahmen, und verwende Handschuhe und Kondome für Hände und Penis.

Die Bakterien im Inneren des Rektums sind nicht mit denen der Vagina kompatibel, deswegen müssen sie unbedingt auseinandergehalten werden, das heißt, wie schon gesagt: nicht mit einem Finger oder dem Penis direkt vom Anus zur Vagina oder zum Mund wechseln! Unangenehme Infektionen können sonst die Folge sein.

Analspiele mit den Fingern

Finger und Spielzeuge sind nicht nur für die Aufwärmphase gedacht. Viele Fingertechniken, die du schon von der vaginalen G-Punkt-Stimulation her kennst, kannst du auch im Anus anwenden. Achte darauf, dir viel Zeit dafür zu nehmen.

Zusätzlich stimulierst du im Analbereich eine weitere Gruppe von Nerven und kreierst so eine weitere Art der Erregung.

Massage: Fingertechnik für den G-Punkt

- Befeuchte deinen Finger gründlich und großzügig mit dem Gleitmittel eurer Wahl und berühre den Anus deiner Partnerin mit deiner Fingerspitze.
  Massiere die Rosette mit kreisenden Bewegungen. Sie ist sehr empfindlich und reagiert schnell auf Berührung. Du kannst diese Massage gerne etwas ausdehnen, denn sie ist für die meisten Menschen äußerst angenehm, weil sich dort sehr viele Nervenenden befinden.
- Bevor du eindringst, warte, bis sich die Anusöffnung entspannt hat, und führe den Finger dann behutsam ein kleines Stück ein. Dort wartest du, bis sich ihr Po an das Gefühl deines Fingers gewöhnt hat.
  Vermeide abrupte Bewegungen und versuche auf keinen Fall, deinen Finger sofort ganz hineinzustecken. Erst wenn du spürst, wie sich ihr Schließmuskel entspannt, kannst du langsam weiter vordringen.
- Du brauchst nun ihr Feedback. Nur sie kann dir sagen, wie es sich anfühlt und ob sie bereit ist für mehr (für mehr Tiefe, für Bewegung oder für einen weiteren Finger).
- Genauso wie bei der vaginalen Penetration solltest du deine Finger auch im Anus auf die Vorderwand der Vagina richten, wenn du den G-Punkt erreichen möchtest. Es liegt nur eine dünne, sehr dehnbare Membran zwischen dem Analbereich und der Vagina, daher kannst du den G-Punkt gut erreichen.
- Du kannst die klassische »Komm-her«-Technik ausprobieren oder aber mit kurzen und schnellen Bewegungen Druck ausüben.
- Experimentiere mit einem weiteren Finger (oder zwei) in ihrer Vagina. Gleichzeitige vaginale und anale Stimulation kann unglaubliche Sensationen in ihr auslösen, da verschiedene Nerven stimuliert werden und so im Gehirn besonders viele Reize ankommen.

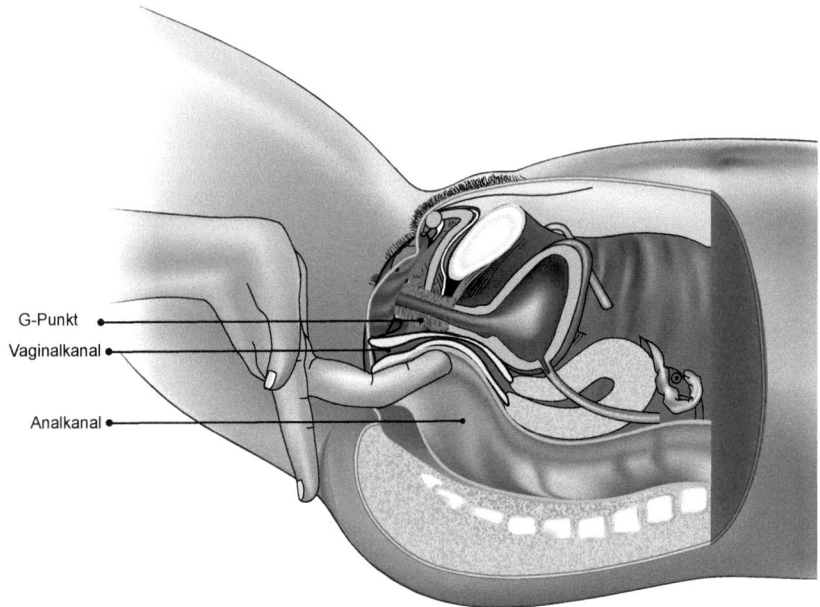

G-Punkt
Vaginalkanal

Analkanal

Du kannst den G-Punkt mit dem Finger durch den Anus massieren.

Analspielzeug

Alle G-Punkt-Spielzeuge können auch für die anale Penetration verwendet werden, um indirekt den G-Punkt zu stimulieren. Wichtig ist, dass sie einen Griff oder eine Plattform am Ende haben, um nicht aus Versehen ganz in den Po eingesaugt zu werden. Beginne klein, sodass sich der Anus an die Penetration gewöhnen kann.

Verwende in jedem Fall reichlich Gleitmittel, und gehe nie direkt vom Po in die Vagina über, sondern säubere das Spielzeug unbedingt zwischendurch oder verwende ein neues Kondom. Du weißt ja: Die Bakterien aus dem Analbereich können in der Vagina unangenehme Probleme verursachen!

Die besten Analstellungen für die G-Punkt-Stimulation

Der Winkel macht's! Experimentiert daher mit allen möglichen Stellungen. Jede Position hat ihre Vor- und Nachteile, aber das Entscheidende ist, dass dein Penis oder Dildo möglichst viel Kontakt mit der Vorderwand der Vagina deiner Partnerin hat. Stellungen, in denen du von hinten und von etwas weiter oben in sie eindringst, sind dazu ideal, genauso wie Stellungen, in denen die Frau auf dir sitzt.

Stellung: Löffelchen in Seitlage

Für Anal-Neulinge ist diese Stellung perfekt, da du etwas einge- schränkt beweglich bist und dadurch nicht zu tief und kräftig oder schnell in sie hineinstoßen kannst.

- Dringe langsam in sie ein und bewege dich eher wenig.
- Experimentiert mit euren Körpern, um den perfekten Eindringwinkel zu finden. Sie kann ein Bein über deines legen oder ihre Knie anwinkeln und dir so besseren Zugang zu ihrem Po ermöglichen. Verwendet Kissen oder zusammengerollte Decken, um es euch noch bequemer zu machen.

Stellung: Löffelchen auf dem Bauch

- Deine Partnerin liegt vor dir auf dem Bauch, du kniest zwischen ihren Beinen. Am besten legst du zusätzlich ein festes Kissen unter ihr Becken.
- Dringe langsam in sie sein, und das in einem Winkel, bei dem du möglichst wenig Widerstand spürst.
- Wenn du eingedrungen bist, lehn dich nach vorn, bis du komplett auf ihr liegst. Dein Penis zielt automatisch in Richtung G-Punkt, und durch dein Gewicht wird er ideal stimuliert.
- Falls du um einiges größer und schwerer bist als sie, ist diese Position vielleicht nicht ideal. Dann könnt ihr auch zurück zur Löffelchenstellung in Seitlage wechseln.

Stellung: Doggy-Style

- Der Doggy-Style ist die erste Stellung, an die Menschen bei Analsex denken. Die Frau stützt sich auf Knien und Unterarmen oder Händen ab. Sie kann ihren Kopf so weit senken, wie sie möchte.
- Experimentiert mit verschiedenen Winkeln, denn das hat Einfluss darauf, ob dein Penis den G-Punkt trifft oder nicht!
- Deine Partnerin kann ihre Klitoris in dieser Stellung selbst mit ihren Händen oder einem Vibrator stimulieren, ohne dass etwas im Weg ist.

- Von dieser Position aus könnt ihr ganz einfach in die umgekehrte Reiterstellung wechseln, wenn deine Partnerin bereit ist, die Kontrolle zu übernehmen. Oder aber du stehst auf, und ihr macht an der Bettkante im Fliegenden Hund weiter.

Stellung: Missionar einmal anders

- Sie liegt auf dem Rücken und streckt ihre Beine nach oben. Du kniest genau dahinter und kannst ihre Beine stützen oder festhalten. Du kannst nun leichter in ihren Po eindringen, weil ihr Enddarm durch diese Position gestreckt wird.
- Lege deine Hand zwischen ihre Beine auf ihren Venushügel, und drücke sanft dagegen; dadurch erzielst du externen Druck auf den G-Punkt.
- Mit einem gut befeuchteten Finger oder einem dünnen Dildo oder Vibrator kannst du in ihre Vagina eindringen und zusätzlich eine Komm-her-Bewegung machen. Bist du allerdings zu beschäftigt mit ihrem Po, kann sie das auch gut selbst übernehmen.

Stellung: Die Reiterin und die umgekehrte Reiterstellung

Befindet sich deine Partnerin oben, kann sie selbst den Winkel, die Tiefe und den Rhythmus bestimmen.

- Während du auf dem Rücken liegst, setzt sie sich vorwärts oder rücklings mit gespreizten Beinen auf dich.
  Der Vorteil ist, dass sie dabei so langsam, wie für sie nötig, vorgehen kann. Und du hast dabei eine wunderbare Aussicht auf ihre Brüste oder ihren Po.
- Sie kann nun experimentieren: sich vor- oder zurücklehnen, die Hüften bewegen, das Becken vorschieben … – was auch immer den besten Druck auf den G-Punkt ermöglicht.

● Die magische Zutat ...

Du weißt nun umfassend über den G-Punkt-Sex Bescheid. Du verstehst den weiblichen Körper und weißt genau, wie du den G-Punkt finden kannst. Du kennst verschiedene Techniken und Stellungen, die funktionieren. Du weißt, welche innere Einstellung dir hilft und wie du für eine gute Umgebung sorgen kannst. Trotzdem: Es gibt nicht den einen richtigen Weg zum G-Punkt-Orgasmus, sondern es sind viele kleine Puzzlestücke. Ich will dir im Folgenden noch ein paar nützliche Tipps mit auf deine Entdeckungsreise geben.

Entspannen und loslassen

»Entspann dich« ist schnell mal empfohlen, das Schwierige dabei ist nur, dass man sich nicht auf Knopfdruck entspannen kann. Doch für viele Frauen ist es besonders wichtig, sich zu entspannen, um einen Orgasmus bekommen zu können. Was du dafür tun kannst, ist, ihr die ausdrückliche Erlaubnis zu geben, wie eine Weltmeisterin zu genießen. Ermutige sie außerdem dazu, sich auch selbst die Erlaubnis zu geben und alle eventuellen Hindernisse aus dem Weg zu räumen, indem sie zum Beispiel ihre Bedenken und Sorgen ausspricht.

Die intensive G-Punkt-Stimulation kann sich überwältigend anfühlen. Dann ermutige sie, tief zu atmen und dir in die Augen zu schauen. Einatmen, ausatmen, fallenlassen und genießen.

Wie schon erwähnt: Wenn der G-Punkt stimuliert wird, kann es sein, dass die Frau das Gefühl hat, pinkeln zu müssen. Das kann unangenehm und irritierend sein und sie nervös machen. Automatisch reagieren viele Frauen damit, den PC-Muskel anzuspannen, so als würden sie das Urinieren unterbrechen wollen, doch genau das sollte sie nicht machen. Schlag ihr vor, vorher pinkeln zu gehen, sodass sie weiß, es ist falscher Alarm. Sie soll sich ganz auf die Stimulation konzentrieren, auf das, was sie jetzt gerade fühlt, und tief weiteratmen – dann kann das Gefühl vorbeigehen.

Falls die Angst vorm Pinkeln anhält, kannst du auch einfach ein paar dicke Handtücher unterlegen oder in die Badewanne wechseln und sie bewusst ermutigen zu pinkeln. So wie bei Männern Pinkeln bei voller Erektion sehr schwierig ist, ist es auch bei der Frau eher unwahrscheinlich, dass sie pinkelt, und wahrscheinlicher, dass sie ejakuliert, wenn sie dem Drang nachgibt.

Andere Frauen finden die G-Punkt-Stimulation auf Anhieb sehr angenehm und entspannen sich automatisch hinein.

Ihre Reaktion auf die G-Punkt-Stimulation kann auch jedes Mal anders sein. Manchmal fühlt sich der Druck auf den G-Punkt großartig an, ein anderes Mal ist der Punkt einfach zu empfindlich, und ihn zu stimulieren fühlt sich nicht gut an.

Mein Tipp: Was ihr beim Entspannen helfen kann, ist eine Schlafmaske. So werden alle visuellen Reize ausgeschaltet, und sie kann sich aufs Fühlen konzentrieren. Probiert es aus.

Die Lieblingsstellung

Viele Frauen haben eine Lieblingsstellung beim Sex. Doch du hast auch immer wieder gelesen, dass ich euch ermutige, verschiedene Stellungen auszuprobieren. Es kann gut sein, dass ihre Lieblingsstellung für vaginale Penetration nicht die beste ist, um den G-Punkt zu stimulieren.

Vermutlich hast du inzwischen schon mit verschiedenen Stellungen experimentiert und welche gefunden, die dir besonders Spaß machen und helfen, den G-Punkt zu treffen. Doch welche ist nun die beste Stellung für den G-Punkt-Orgasmus?

Findet eine Stellung, die für dich und deine Partnerin funktioniert, eine, die den besten Druck auf den G-Punkt ermöglicht und euch Zugang zu allen wichtigen Körperteilen verschafft. Vielleicht mag deine Partnerin ja zusätzliche Stimulation an der Klitoris oder im Anus.

Die Stellung sollte auch angenehm genug für dich sein, um sie für eine Weile durchhalten zu können. Während sich der Höhepunkt langsam aufbaut, sollte nicht plötzlich das Knie wehtun oder der Nacken zu krampfen beginnen. Ein Stellungswechsel kurz vor dem Höhepunkt kann die ganze Spannung zerstören, und ihr müsstet von vorn beginnen.

Wenn ihr neue Stellungen, Techniken oder Sextoys ausprobiert, ist es sehr wichtig, dass du während des Sexes mit deiner Partnerin kommunizierst. Ermutige sie, dir zu sagen, was sie will: etwas weiter nach links, fester, nicht so schnell – und so weiter. Sie kann dir auch zeigen, wie sie ein Spielzeug gerne verwendet, in welchem Winkel und wie tief es sich besonders gut anfühlt. Je mehr Details sie mit dir teilt, desto besser wird das Erlebnis für euch beide sein. Falls sie dir keine Rückmeldungen oder Anweisungen während des Sexes geben möchte, frag sie vorher oder nachher.

Häufiger und länger

Wenn du die Kunst des G-Punkt-Orgasmus beherrschst, kannst du einen weiteren Schritt ausprobieren: ihn zu intensivieren. Dazu kannst du die »Stop and go«-Technik verwenden:

- Steht deine Partnerin kurz vor einem Höhepunkt, höre für einige Momente mit der Stimulation auf. Dann mach weiter, und sobald sie wieder kurz davor steht, hörst du erneut auf. Du verzögerst dadurch bewusst ihren Orgasmus, und bei jedem Aufhören und Weitermachen steigert sich ihre Erregung. Der darauf folgende Orgasmus ist mit hoher Wahrscheinlichkeit intensiver und dauert länger an.
  Achte jedoch auch auf ihr Feedback, denn sollte diese Technik sie frustrieren, verwendest du sie natürlich nicht.
- Eine andere Möglichkeit ist es, von Anfang an die Erregung sehr langsam aufzubauen und immer wieder den ganzen Körper einzubeziehen. So funktioniert auch die Tantramassage.
  Wenn du mit der G-Punkt-Stimulation beginnst, baust du die Erregung ebenfalls sehr langsam auf, bleibst immer mit einer Hand beim G-Punkt und den Genitalien und benutzt die andere Hand, um andere

Körperteile zu verwöhnen.

• Der so entstehende Orgasmus ist für viele Frauen im ganzen Körper zu spüren und besonders intensiv.

Hatte sie einen Orgasmus, möchte sie vielleicht einen zweiten oder dritten ... Wir wissen, dass Frauen sich normalerweise schneller von einem Orgasmus erholen als Männer und schon nach kurzer Zeit wieder für eine Stimulation empfänglich sind. Wie lange es dauert, ist von Frau zu Frau und je nach Tagesform ganz unterschiedlich. Genauso wie Männer sind manche Frauen nach einem Orgasmus völlig befriedigt, wohingegen andere multiorgastisch sind. Viele Frauen berichten, dass sie nach ihrem ersten G-Punkt-Orgasmus viel leichter und schneller wieder zu erregen waren.

Besprich mit deiner Partnerin, was sich für sie am besten an- fühlt, ob sie eine Pause zwischen den Orgasmen möchte oder ob ihr einer schon reicht. Unmittelbar nach dem Orgasmus sind Klitoris und G-Punkt oft hochempfndlich, und vielleicht möchte sie lieber eine Pause. Oder es ist nur eine Region empfindlich, und die andere würde gerne weiter stimuliert werden. Finde es heraus! Jetzt ist auch eine gute Gelegenheit für ein Stück Scholokade oder andere sinnliche Genüsse.

Wie fühlt sich der Superorgasmus an?

Lässt man sich den G-Punkt-Orgasmus von einer Frau beschreiben, könnte es sein, dass sie sagt: »Er fühlt sich einfach anders an.« Tja, nicht besonders aussagekräftig, aber inzwischen wissen wir ja: Jeder Orgasmus fühlt sich unterschiedlich an, aber keiner ist an sich besser oder schlechter. Orgasmen lösen unterschiedliche Empfindungen aus, sie können in den unterschiedlichsten Körperteilen spürbar sein und eine Vielfalt an emotionalen Reaktionen auslösen.

Nach meiner eigenen Erfahrung und der Erfahrung aus vielen G-Punkt-Tantramassagen würde ich die Unterschiede rund um den G-Punkt-Orgasmus und rund um die G-Punkt-Stimulation so beschreiben:

- *Ganzkörperorgasmus:* Der G-Punkt-Orgasmus ist im Vergleich zum klitoralen Orgasmus weniger auf die Genitalien konzentriert – er breitet sich durch den ganzen Körper aus.
- *Tiefer:* Frauen beschreiben ihn oft als spürbar »tiefer«. Er erreicht nicht nur die obere Schicht des körperlichen Empfindens, sondern auch ihr Fühlen, ihr Herz, ihr ganzes Wesen.
- *Entspannter:* Frauen sagen, dass sich der G-Punkt-Orgasmus entspannter anfühlt – ab einem gewissen Punkt müssten sie nichts mehr dafür tun; »es« würde einfach geschehen.
- *Länger:* Manche sagen, dass er länger andauert. Er fühlt sich wie eine enorme Spannungsentladung an, ist einfach intensiver.
- *Verbundener:* Für manche Frauen fühlt er sich emotionaler an als ein »normaler« Orgasmus. Sie fühlen eine stärkere Verbindung zum eigenen Körper sowie zum Partner – oder sogar zum Universum.
- *Verletzlicher:* Oft fühlen sich Frauen nach einem G-Punkt-Orgasmus wie weichgespült oder wie ein rohes Ei – alles wird viel intensiver gefühlt, und sie sind ganz besonders empfänglich.
- *Spiritueller:* Frauen beschreiben, dass sie sich bei so einem Orgasmus mit dem ganzen Universum verbunden fühlten.

Erfahrungsberichte

Hier habe ich ein paar Erfahrungsberichte von Frauen über G-Punkt-Orgasmen für dich gesammelt:

»Mein G-Punkt-Orgasmus ist wie eine enorme Welle an Lustgefühlen, die meinen ganzen Körper durchflutet. Die Spannung in meinem Körper baut sich immer mehr auf, und kurz vor dem Höhepunkt spüre ich, wie mein Kopf hochrot wird. Der Orgasmus ist einzigartig und unglaublich intensiv.« (Sabine)

»Mein G-Punkt-Orgasmus ist eine unendliche Lustwelle, die mich durchflutet – mit ekstatischen Glücksmomenten und einem intensiven Gefühl der Hemmungslosigkeit.« (Christine)

»Die Zeit steht für einen kurzen Augenblick still, und in diesem zeitlosen Moment bin ich völlig eins mit meiner Seele, meinem Körper, den Sternen, dem Mond und dem Universum.« (Petra)

»In dem Moment bin ich völlig losgelöst, wie schwebend. Ich kann und will mich gar nicht bewegen, alles geschieht wie von allein. Ich werde getragen wie von einer Welle und lande dann völlig erschöpft, aber überglücklich.« (Ina)

»Vor dem G-Punkt-Orgasmus baut sich eine Spannung in mir auf. Ich fühle mich ungeheuer voll. Dann explodiere ich – besonders wenn auch meine Klitoris mit stimuliert wird, überkommt es mich wie ein Dammbruch, und ich komme ungeheuer intensiv.« (Nikki)

● Troubleshooting

Was du bei Problemen tun kannst

Unbehagen

Falls die Stimulierung des G-Punkts für deine Partnerin unangenehm ist, kann das verschiedene Gründe haben.

* Vielleicht ist sie insgesamt nicht entspannt, oder sie wünscht sich andere Berührungen oder eine andere Art der Berührung. Das kannst du leicht herausfinden, indem du die Stimulation des G-Punkts unterbrichst und deine Partnerin an anderen Stellen streichelst oder massierst und eine andere Intention ausprobierst (mehr dazu in »Verschiedene Arten der Berührung«). Fühlt sich das besser für sie an, dann fahr damit fort und kehre eventuell später zum G-Punkt zurück.
* Unbehagen kann auch entstehen, weil sich G-Punkt-Stimulation oft ganz anders anfühlt als klitorale oder vaginale Stimulation und »ungewohnt« als »unangenehm« gedeutet wird. Verlangsame dann deine Erforschung und bitte deine Partnerin um Feedback. Falls es sich wieder unangenehm anfühlt, gehe erneut zurück zu dem, was bereits bekannt und angenehm ist. Bleibe dort eine Weile und probiere dann wieder etwas Neues aus.

Schmerzen

* Sind deine Fingernägel kurz geschnitten und glatt (gefeilt)? Wenn Nägel scharf sind, vor allem an den Rändern, können sie die empfindliche Schleimhaut der Vagina schnell reizen oder sogar verletzen. Auch falls deine Hände sehr rau sein sollten – das kann zum Beispiel berufsbedingt oder im Winter der Fall sein –, kann das zu mehr Reizung führen, als angenehm ist. Verwende am besten vorher eine Handcreme, um die Haut zu glätten, oder benutze Handschuhe.

- Verwendet ihr Gleitmittel? Es kann sein, dass der G-Punkt im nicht erregten Zustand empfindlich ist und durch die Berührung gereizt wird. Dann hilft Gleitmittel. Auch so kann der G-Punkt noch empfindlich sein, darf aber nicht wehtun.
  Probiert eventuell ein anderes Gleitmittel aus, denn manche Gleitmittel passen einfach nicht mit der Körperchemie zusammen und verursachen Juckreiz oder Empfindlichkeit.
- Überprüfe auch deinen Druck.
- Falls deine Partnerin während der Stimulierung des G-Punkts oder ihrer Vagina auch bei sehr wenig Druck über Schmerzen klagt, sollte sie unbedingt einen Termin bei ihrem Frauenarzt vereinbaren. Obwohl sich der G-Punkt im nicht erregten Zustand unangenehm anfühlen kann, sollte er keine Schmerzen verursachen.

Der Drang zu pinkeln

Wie bereits beschrieben, verspüren manche Frauen bei der Stimulation des G-Punkts als Erstes ein starkes und dringendes Bedürfnis zu pinkeln. Ist ihre Blase tatsächlich voll oder halbvoll, kann die Stimulierung des G-Punkts einen Druck auf den Blasenhals und die Harnröhre verursachen, und sie muss nun wirklich ihre Blase entleeren. Ist die Blase jedoch leer, handelt es sich um eine »Fehlempfindung«, die durch die G-Punkt-Stimulation ausgelöst wird. Die Harnröhre, um die herum sich das Schwellgewebe befindet, sendet diesen Reiz oft aus. Wird diese Empfindung für einen Moment einfach nur beobachtet, verwandelt sie sich oftmals in sexuelle Erregung.

- Bitte deine Partnerin einfach, vorher zur Toilette zu gehen, dann weiß sie, dass es sich um eine Fehlwahrnehmung handelt, und es fällt ihr leichter, das Gefühl eine Weile lang zu ertragen. Sollte es erneut auftauchen, kann sie auch noch einmal zur Toilette gehen.
- Falls deine Partnerin sehr offen ist und du das Bett mit vielen Handtüchern oder einem wasserfesten Laken vorbereitet hast, kannst du sie auch ermutigen, einfach zu pinkeln. Meistens ist es sowieso ein Fehlalarm, jedoch hält dieses Gefühl des »Pinkelnmüssens« viele Frauen davon ab zu ejakulieren, weil es sich eigentlich nach etwas ganz anderem anfühlt.

- Ihr könnt eure Spiele auch gleich in die Badewanne verlegen, damit es ihr leichterfällt, sich gehenzulassen. Absichtlich ins Bett zu pinkeln ist wohl für die meisten von uns schwer vorstellbar – oder könntest du das auf Anhieb?

Druck und Anspannung

Es gibt alle möglichen Quellen von Druck in unserem Alltag: Vorgesetzte, Lehrer, Prüfungssituationen, Statusspiele unter Freunden, Ansprüche der Eltern, Partner, Kinder, Ansprüche an sich selbst ... Die Medien halten uns ständig vor Augen, wie schön und erfolgreich wir sein könnten, und wir vergleichen uns folglich oft mit unrealistischen Bildern.

Dieser Druck und Anspruch macht auch vor dem Sex nicht halt. Wir denken, wir müssten auf eine bestimmte Art funktionieren (wie etwa die Darsteller in Pornos), gieren nach besonders intensiven Erlebnissen und haben hohe Erwartungen.

Vielleicht wollen wir auch dem Partner gefallen oder ihn für seine Mühen belohnen.

All dieser Druck führt letztlich oft dazu, dass wir angespannt sind, das eigentliche Erlebnis nicht mehr wahrnehmen, im Kopf bleiben und alles nur noch durch eine bestimmte Brille sehen.

- Falls du bemerkst, dass deine Partnerin sich anspannt, sich anstrengt oder wie unter Druck wirkt, wäre es gut, ihr zu sagen, dass es hier nicht um Ergebnisse geht, sondern dass ihr gemeinsam etwas ausprobieren wollt, das sich vor allem für euch beide gut anfühlen soll. Erforsche mit ihr, was sich gut anfühlt. Es ist auch nützlich, wenn sie sich für eine Weile auf das tiefe, regelmäßige Atmen konzentriert.

Orgasmus und Erfolgsdruck

Versucht man, einen Orgasmus zu erzwingen, kann genau das Gegenteil eintreten, und der Orgasmus wird verhindert. Vor allem bei besonders ehrgeizigen Menschen, die immer und überall erfolgreich sein müssen, kommt das gar nicht so selten vor.

»Erfolgsuchende« Menschen konzentrieren sich völlig auf den Orgasmus und vergessen dabei gänzlich, das sexuelle Vergnügen auf dem

Weg dorthin zu genießen. Wenn sie (oder ihr Partner) nicht bei jeder sexuellen Erfahrung einen Höhepunkt erreichen, sind sie frustriert und fühlen sich außerdem schuldig oder egoistisch, wenn sie zusätzliche Stimulation benötigen, nachdem der Partner bereits gekommen ist. Solche Gefühle wirken dem Orgasmus dann noch zusätzlich entgegen.

Der Gegenpart dieser erfolgsorientierten Menschen täuscht dann einen Orgasmus vor, um dem Partner ein Erfolgsgefühl zu geben oder ihn für seine Mühe zu belohnen.

- Sprich mit deiner Partnerin darüber, wie wichtig euch das sexuelle Vergnügen ist und dass ein Orgasmus nur *eine* mögliche Form des Genusses neben vielen anderen ist. Offene, ehrliche Kommunikation ist in jeder Beziehung hilfreich.

Kein Orgasmus

Die Frau steht scheinbar kurz vor dem Orgasmus. Die Lustwellen bauen sich immer höher und höher auf, aber den letzten Schritt zum Höhepunkt erreicht sie nicht …

Zuerst einmal: Keinen Orgasmus zu haben ist kein Problem, solange du oder sie es nicht als ein solches empfinden. Sex kann auch ohne einen Orgasmus schön sein! Manchmal fehlt er aber doch. Für diesen Fall hier einige Tipps.

Entspannen und loslassen können

Oft handelt es sich nicht um ein körperliches Problem, sondern eher um ein emotionales:

- Sie ist angespannt.
- Sie fühlt sich nicht wohl genug, um sich ganz gehenzulassen.
- Sie hat psychischen oder emotionalen Druck verspürt.

Denkt sie nebenbei an die Arbeit und den Einkauf, der zu erledigen ist, wirkt das einem Orgasmus entgegen. Auch wenn sie sich nicht sicher genug fühlt, ist das hinderlich. Vielleicht fühlt sie sich mit dir emotional nicht genügend verbunden.

- Mach ihr und dir keinen Druck, konzentriere dich auf eure emotionale Verbindung, und versichere ihr, dass du hier und jetzt bei ihr bist.

Reden, Küssen, Gehaltenwerden, Kontakt zum Gegenüber und Vertrauensaufbau ist für viele Frauen genauso wichtig, um zum Orgasmus zu kommen, wie die rein körperliche Stimulierung.

• Besprich den G-Punkt-Orgasmus mit deiner Partnerin, oder zeige ihr dieses Buch, denn viele Frauen können sich einfach nicht entspannt hingeben, wenn etwas Neues in oder an ihrem Körper passiert, das sie noch nicht verstehen.

Die Frage des Wie

Neben emotionalen Gründen prüfe auch, ob du die Art und Weise, wie du deine Partnerin stimulierst, verbessern kannst, und sprich idealerweise mit ihr darüber. Wenn sie dafür nicht offen ist oder wenn du das Gefühl hast, sie will dich mit ihren Antworten schonen, denk über folgende Möglichkeiten nach und sei ehrlich mit deinen Antworten.

• Du hast deine Partnerin nicht an den richtigen Stellen und/oder mit der richtigen Bewegung beziehungsweise mit dem richtigen Druck stimuliert.

• Du hast sie nicht lange und/oder intensiv genug stimuliert.

• • Ihr Erregungszustand war nicht hoch oder intensiv genug.

• Eine zusätzliche Portion Gleitmittel kann oftmals Wunder bewirken. Ohne Reibungswiderstand empfindet deine Partnerin die Stimulation möglicherweise viel intensiver.

• Experimentiere mit unterschiedlichen Bewegungen und unterschiedlichem Druck.

Bekommt deine Partnerin grundsätzlich keinen Orgasmus oder nie mit dir, ist das ein eigenes Thema, das über die Reichweite dieses Buches hinausgeht. Es gibt jedoch viele Möglichkeiten, das zu ändern. Jede Frau kann Orgasmen haben, Zuversicht ist der erste Schritt.

Vorspiel, Aufwärmen und unterschiedliche Bedürfnisse

Ein weit verbreitetes Problem in der sexuellen Kommunikation zwischen Männern und Frauen ist eine unterschiedliche Auffassung darüber, was die Aufwärmphase ausmacht. (Ich sage hier bewusst »Aufwärmen« statt »Vorspiel«, dazu habe ich vorher schon etwas mehr geschrieben.)

Für Männer ist das Aufwärmen der Frau – durch Küssen, Streicheln, Massieren, vaginale und klitorale Stimulation, Oralsex und so weiter – häufig nur das »körperliche Vorbereiten« auf das eigentliche Hauptereignis: die Penetration mit abschließendem Orgasmus.

Für Frauen hingegen spielen Emotionen oft eine mindestens genauso große Rolle. Unter Vorspiel verstehen sie auch eine gute Verbindung zueinander, Harmonie in Bezug auf den Alltag oder anstehende Fragen, Präsenz und Aufmerksamkeit des Mannes für ihr ganzes Wesen. Das kann bedeuten, den Abend miteinander zu verbringen, sich zu unterhalten, Hand in Hand spazieren zu gehen, zu tanzen ... und irgendwann geht dieses Vorspiel in ein Liebesspiel über. Hier ein Beispiel, wie unterschiedlich Mann und Frau über das Vorspiel denken können.

Frau: »Ich fürchte mich fast davor, ihn zu küssen – ein Kuss, und wir landen sofort im Bett ...«

Mann: »Sie beschwert sich immer, dass ich es beim Sex zu schnell angehen lasse, aber das stimmt gar nicht! Ich küsse sie, spiele mit ihren Brüsten, massiere ihre Vagina und gebe ihr jede Menge Vorspiel, bevor wir überhaupt anfangen.«

Bei vielen Paaren würde es sich wahrscheinlich ähnlich anhören. Die Frau will nicht nur ein körperliches Vorspiel, sie wünscht sich vielmehr, eine emotionale Verbindung zu fühlen. Der Mann hingegen ist frustriert. Er versteht zwar ihr Bedürfnis nach einem Aufwärmen, aber er begreift nicht, dass er es durch reine körperliche Stimulation nicht erfüllen kann.

Hört sich das irgendwie bekannt an? Wenn ja, dann sei froh, denn wenn du das Problem erkennst und akzeptierst, bist du auf einem guten Weg, eine Lösung zu finden.

• Achte also auf eure emotionale Verbindung und sei mit der Frau in Kontakt.

Unzufriedenheit und Lustlosigkeit

Wenn ich Frauen frage, woran es ihrer Meinung nach vor allem liegt, dass Sex unbefriedigend ist, dann sagen sie oft, es fehle ihnen an Intimität. Sie haben das Gefühl, dass es ihrem Partner nur ums »Reinstecken« und um den Orgasmus geht, und fühlen sich nicht als Person und als Frau gemeint. Wenn ich sie frage, was ihnen beim Sex die größte Befriedigung gibt, nennen sie häufig gerade die sexuelle Intimität und dieses spezielle Gefühl von Verbindung mit dem Partner. Berührungen, Oralsex, klitorale Stimulation, Erregtsein und sogar der Orgasmus sind für Frauen nur ein Teil davon; Augenkontakt, zärtliche Worte und das Gefühl, sich persönlich gemeint und begehrt zu fühlen, sind ihnen mindestens ebenso wichtig.

Wenn die emotionale Verbindung fehlt

Hat die Frau keine Lust auf Sex, liegt es oft genug daran, dass sie sich nicht gesehen fühlt und dich als Gegenüber nur auf der Suche nach Sex erlebt und sie dabei zu einem Stück Fleisch wird (um Klartext zu sprechen).

Du verlierst in ihren Augen an Integrität. Es geht nicht darum, dass du nicht am Sex interessiert sein darfst. Wenn du das aber auf eine Art bist, die dich würdelos und bedürftig erscheinen lässt, ist das ein großer Turn-off.

Sie braucht dich als Mensch, der sichtbar und fühlbar ist und mit ihr eine Verbindung eingeht.

Das ist eine dieser unangenehmen Wahrheiten, die vielleicht an deinem Ego kratzen, denen du dich aber stellen musst. In dem Punkt helfen die besten Sextechniken nichts, es kommt auf deine Entwicklung als Mensch an.

Es geht bei der Art von emotionaler Verbindung, von der ich hier spreche, nicht um die ewige Liebe, sondern um deine Präsenz in diesem Augenblick. Mehr dazu habe ich im Kapitel »Inner Game« geschrieben.

Das gemeinsame Forschen und Erkunden eines neuen Bereiches kann dich deiner Partnerin näherbringen. Frauen finden es oft sexyer, wenn du auch mal eine Unsicherheit zeigst, als wenn du der unnahbare Supermann und Alleswisser bist.

Andere Gründe

Es gibt sicher noch weitere Probleme, die ich hier nicht aufgezählt habe. Ich bin keine Hellseherin. Doch was ich aus Erfahrung weiß, ist, dass gute Kommunikation immer hilft. Nachdem du dieses Buch gelesen hast, hast du schon eine Idee davon, dass es viele verschiedene Aspekte von G-Punkt-Sex gibt und dass sowohl Körper und Emotionen als auch eure Beziehung zueinander eine wichtige Rolle spielen.

Wenn du bis hierher gelesen hast, glaube ich auch, dass du schon einiges Neues gelernt hast. Von hier aus schicke ich dich allein weiter in die G-Punkt-Praxis, voller Vertrauen, dass du gut ausgestattet bist. Falls es dich beruhigt: Auch ich lerne immer wieder Neues und weiß, dass ich nicht alles weiß. Es ist nicht wichtig, dass du alles weißt, es kommt darauf an, immer offen für Neues zu bleiben und Probleme nicht als Endpunkte, sondern als Herausforderungen zu sehen.

● Die weibliche Ejakulation

»Squirten«, Ejakulieren oder Spritzen bei Frauen – seit einer Weile wird das in den Medien viel diskutiert, und manche Veröffentlichungen lassen es als den ultimativen Sexkick für Frauen erscheinen. Selbst bei feministisch orientierten Sex-Expertinnen wie Deborah Sundahl klingt es so, als würde nur die sexuell freie Frau ejakulieren, während alle anderen noch nicht so befreit seien.

Lass mich hier etwas in aller Deutlichkeit sagen: Das Letzte, was Frauen brauchen, ist noch eine weitere Norm, wie ihr Körper »richtig« zu sein und zu funktionieren hat!

Manche Frauen ejakulieren, andere nicht. Manche Frauen ejakulieren manchmal und manchmal nicht. Frauen genießen G-Punkt-Orgasmen mit und ohne Ejakulation.

Denk daran: Hier geht es darum, Neues über den Körper und die Sexualität der Frau zu lernen. Ich will auf keinen Fall irgendeiner Frau das Gefühl geben, etwas zu verpassen, wenn sie nicht ejakuliert.

Deswegen steht das Kapitel über die weibliche Ejakulation auch bewusst erst hier, nachdem du schon viel über den G-Punkt und all seine wunderbaren Möglichkeiten erfahren hast.

Squirten ist eine Möglichkeit, doch es ist noch nicht vollständig erforscht, warum einige Frauen squirten und andere nicht. Laut einer Theorie, die ich plausibel finde, hängt das einfach von der individuellen Anatomie der Frau ab: Wenn die Schwellkörper der Harnröhre durch sexuelle Stimulation anschwellen, kann es sein, dass sie den Ausgang der Harnröhre verschließen, sodass das Ejakulat nicht nach außen gespritzt wird.

Mythen und Wahrheit rund um die Ejakulation

Es gibt immer noch viel Verwirrung über die weibliche Ejakulation, und manch einer bestreitet vehement, dass es sie überhaupt gibt. Aber glaub mir: Sie ist Realität.

Ejakulieren ist eine ganz natürliche Sache – für den Mann wie für die Frau. Manche haben es vielleicht schon unbewusst erlebt, wissen aber nicht so recht, was es war, und schämen sich, darüber zu sprechen. Manche haben von Freundinnen davon gehört oder kennen es nur aus Pornofilmen.

Sich der Möglichkeit einer weiblichen Ejakulation bewusst zu sein, bevor eine Frau sie zum ersten Mal erlebt, hilft sehr, dieses Phänomen besser zu verstehen. Dafür möchte ich erst einmal mit einigen Mythen aufräumen.

Lauter haltlose Behauptungen ...

»Es gibt sie nicht«

Ich habe dir schon erklärt, dass dieser Mythos lächerlich ist. Aber warum gibt es immer noch Leute, die daran glauben? Vielleicht fehlt es an eigener Erfahrung, oder diese Menschen lesen nur die Standardbücher über Sex und Medizin.

Wobei es mich traurig macht, dass sie dort tatsächlich oft nichts über die weibliche Ejakulation finden, ja manchmal nicht einmal über den G-Punkt.

»Nur wenige Frauen können ejakulieren«

Nein! Jede Frau kann ejakulieren – die eine häufiger, die andere seltener, manche mehr oder weniger. Jede Frau hat Paraurethraldrüsen und ist daher körperlich zur Ejakulation fähig. Ob die Flüssigkeit jedoch nach außen abgesondert wird, ist je nach Frau unterschiedlich. Mehr im nächsten Kapitel.

»Nur Frauen mit G-Punkt können ejakulieren«

Das stimmt! Jede Frau hat einen G-Punkt, und deshalb kann auch jede Frau ejakulieren. Wie du bereits weißt, ist nicht jeder G-Punkt einfach zu finden, und wenn eine Frau nicht erregt ist, scheint er gar nicht da zu sein. Manchen Frauen fällt es leichter zu ejakulieren, genauso wie manche Frauen Probleme haben können, überhaupt einen Orgasmus zu erleben.

»Nur mit G-Punkt-Orgasmus kann eine Frau ejakulieren«

Das stimmt zwar nicht, aber G-Punkt-Stimulation ist in manchen Fällen tatsächlich sehr hilfreich, um eine weibliche Ejakulation zu provozieren. Der Orgasmus während der Ejakulation kann ein klitoraler, analer oder oraler sein. Und ganz ohne Orgasmus geht's übrigens auch.

»Gynäkologen kennen sich mit Ejakulation aus und können Frauen beraten«

Leider wissen viele Gynäkologen nicht über die weibliche Ejakulation Bescheid, da dieses Phänomen noch nicht gründlich genug erforscht wurde. Mediziner haben oft nur traditionelle Erkenntnisse und Theorien gelernt. Das sexuelle Vergnügen der Frauen wurde bisher nicht sehr ausführlich erforscht. Auch im Moment gilt nur das als interessant, womit sich Geld verdienen lässt, zum Beispiel Viagra für Frauen. Die meiste Forschung bezieht sich auf Fruchtbarkeit und Verhütung.

»Frauen können nur ein paar Tropfen ejakulieren, und wenn es mehr ist, muss es Urin sein«

Forschungen haben bewiesen, dass es sich beim Ejakulat nicht um Urin handelt, selbst wenn es in großer Menge vorhanden ist. Auch wenn noch umstritten ist, wo die Flüssigkeit nun wirklich produziert wird (Paraurethral-/Skene-Drüsen oder in der Blase), ist es definitiv kein Urin. Es handelt sich genauso wenig um ein Zeichen dafür, dass etwas nicht stimmt. Ganz im Gegenteil: Es ist ein Zeichen, dass etwas so richtig stimmt!

»Weibliche Ejakulation ist oder führt zu Harninkontinenz«

Unzählige unnötige Beratungsgespräche und Operationen wurden Frauen verschrieben, die weibliche Ejakulation erlebten. Ich betone noch einmal: Weibliches Ejakulat ist kein Urin.

»Nur Frauen, die bereits entbunden haben, sind fähig zu ejakulieren«

Einige Frauen ejakulieren schon beim ersten Masturbieren oder beim ersten sexuellen Kontakt mit einem Partner. Dieser Mythos kann daher sofort ausgeschlossen werden.

Obwohl viele Frauen tatsächlich erst zu ejakulieren beginnen, nachdem sie Kinder geboren haben, liegt das nicht an der Geburt. Es könnte vielmehr daran liegen, dass Frauen nach einer Geburt eine bessere Vorstellung vom Pressen und Drücken haben beziehungsweise sich besser öffnen können und dass dies fürs Ejakulieren hilfreich ist.

Geschichte und Forschung

Weibliche Ejakulation ist nichts Neues, obwohl es aufgrund des Medieninteresses vielleicht diesen Anschein hat. Hinweise auf die weibliche Ejakulation wurden jedoch in jahrhundertealten medizinischen Büchern und historischen Texten gefunden. Sie ist auf uralten japanischen Holzschnitten zu finden und in indischen Tempeln, und sogar Aristoteles hat schon von einer flüssigen Absonderung beim weiblichen Orgasmus berichtet.

Um 1950 hat der deutsche Gynäkologe Ernst Gräfenberg dann als Erster die weibliche Ejakulation in einer wissenschaftlichen Studie erwähnt. Du weißt schon: Nach ihm wurde der G-Punkt benannt. In den 1970er Jahren führte man weitere Forschungen durch, bis schließlich Anfang der 1980er Jahre das Buch »Der G-Punkt« von Alice Kahn Ladas et. al. erschien (mehr zur Geschichte findest du im Kapitel »Geschichtliches«).

Nur wenige Studien folgten diesem bahnbrechenden Buch, und endgültige, beweiskräftige Informationen über die weibliche Ejakulation gibt es bis heute nicht. Es gibt jedoch viele Anhaltspunkte, qualitative Studien und verheißungsvolle physiologische Forschungen. Genug wissen wir über diesen Teil der weiblichen Sexualität aber noch lange nicht.

Wie bereits erläutert, gibt es im Harnröhrenschwamm ungefähr 30 Paraurethraldrüsen, von denen zwei die Skene-Drüsen sind. Es ist noch nicht ganz klar, vermutlich jedoch bilden alle Drüsen zusammen die Flüssigkeit, die durch die weibliche Ejakulation ausgeschieden wird.

Ist eine Frau erregt, füllen sich diese Drüsen mit einer Flüssigkeit, und der Harnröhrenschwamm schwillt an. Dadurch tritt der

G-Punkt weiter hervor und ist nun besonders empfänglich für Stimulation. Forscher nehmen an, dass die Flüssigkeit von den Drüsen in die Harnröhre gelangt und dadurch über die Harnröhrenöffnung ausgeschieden wird.

Woraus besteht die Flüssigkeit?

Das bringt uns zur häufigsten Frage über weibliche Ejakulation: »Was ist das, wenn nicht Urin?« Einerseits ist diese Vermutung verständlich, da die Flüssigkeit ja genauso wie der Urin aus der Harnröhre kommt und dazu auch noch klar ist. Doch kommt ja bei Männern das Ejakulat ebenfalls aus der Harnröhre, und niemand würde behaupten, sie pinkeln beim Orgasmus.

Doch zum Glück gibt es auch Beweise dafür, dass es sich nicht um Urin handelt. Untersuchungen haben ergeben, dass die Flüssigkeit einen hohen Anteil an PSA (prostataspezifisches Antigen) enthält, sehr ähnlich der Prostataflüssigkeit des Mannes. Im Urin ist dieses Antigen nicht enthalten, und da die Drüsen des G-Punktes das Pendant zur Prostata des Mannes sind, ergibt es Sinn, dass sie eine ähnliche Flüssigkeit produzieren.

Nur sehr geringe Spuren von Harnstoff und Kreatinin, die im Urin enthalten sind, wurden im weiblichen Ejakulat gefunden. Es enthält außerdem prostataspezifische saure Phosphatase (PAP), ein Enzym, das ebenfalls in der männlichen Prostataflüssigkeit vorkommt, und hat einen höheren Glukosewert als Urin.

Es gibt jedoch auch Studien, die keinen bedeutenden Unterschied zwischen Urin und weiblichem Ejakulat nachweisen können. Andere Studien wiederum behaupten, dass sehr wohl auch Urin im Ejakulat zu finden sei.

Diese Studien sind umstritten, da vor allem mit Prostituierten gearbeitet wurde und nicht auszuschließen ist, dass sie ihre Ejakulation vorgetäuscht haben, weil sie dafür bezahlt wurden.

Am besten forschst du selbst. Wenn deine Partnerin ejakuliert, untersuche mal die Flüssigkeit, und du wirst sehen, dass sie wässrig und weißlich klar ist. Sie kann geschmack- und geruchlos sein oder auch salzig oder süß schmecken. Der Menstruationszyklus der Frau und ihre Essgewohnheiten scheinen darauf Einfluss zu haben (so wie ja auch das Ejakulat des Mannes anders schmeckt, je nachdem, was er isst).

Wie viel ist es?

Aufgrund ihrer intimen Natur ist die weibliche Ejakulation schwierig zu untersuchen. Dein Sex würde sich vermutlich auch stark verändern, wenn er im Labor stattfände. Zu Hause ist es ebenfalls schwierig, das Ejakulat komplett aufzufangen.

Aus Erfahrung lässt sich sagen, dass manche Frauen größere Mengen von Ejakulat regelrecht herauszuschießen scheinen – die G-Punkt-Spezialistin Deborah Sundahl spricht in ihren Vorträgen von einem Liter bei wiederholter und längerer Stimulation –, während bei anderen Frauen die Menge so gering ist, dass du schon ganz genau hinschauen musst, um es zu entdecken.

Die Wissenschaft streitet sich auch hier, wie bei so vielem rund um den G-Punkt. Die Autoren Ladas, Whipple und Perry schätzen, dass eine Frau bis zu 1,3 Milliliter ejakulieren kann. In einer ihrer späteren Studien gab Beverly Whipple jedoch an, dass eine Frau zwischen drei und fünf Millilitern ejakuliert, weitere Studien sprechen von bis zu 50 Millilitern.

Persönlichen Berichten zufolge ejakulieren Frauen im Laufe einer längeren G-Punkt-Stimulation deutlich größere Mengen, die sogar über einen Liter hinausgehen können.

Die Forscher können sich also nicht darüber einigen, wie viel Flüssigkeit die Frau nun wirklich ejakulieren kann. Viele kommen aber zu folgendem Schluss: Die weibliche Prostata kann zwar kleine Mengen an eigener Flüssigkeit produzieren, größere Mengen können jedoch nur in der Harnblase gesammelt und von dort aus freigegeben werden, was die Vermischung mit Urin erklären könnte.

Warum ejakuliert nicht jede Frau?

Warum manche Frauen häufig, manche nur ab und zu und manche überhaupt nie sichtbar ejakulieren, können wir leider nicht eindeutig begründen.

Eine Vermutung dazu ist, dass dies mit der Anatomie der Frau zusammenhängt: Möglicherweise wird bei ihr der Ausgang der Harnröhre, also dort, wo das Ejakulat herauskommen würde, durch das Schwellgewebe der Klitoris und des G-Punktes zugedrückt, der Zugang zur Blase bleibt jedoch erhalten, sodass sich das Ejakulat den Weg des geringsten Widerstandes sucht. Es könnte im Übrigen auch sein, dass der Ausgang der Harnröhre durch Finger, Spielzeuge oder deinen Penis in der Vagina zugedrückt wird.

Diese Vermutung kann die Frau überprüfen, indem sie vor und nach der G-Punkt-Stimulation pinkelt: Ist der »Urin« hinterher klar und fast geruchlos, handelt es sich wahrscheinlich um nach innen geflossenes Ejakulat.

Zwei Studien aus Italien – die eine stammt von der Universität La Sapienza in Rom (2003), die andere von der Universität L'Aquila (2006) – beschreiben eine andere Ursache: Sie begründen das Ejakulieren oder Nichtejakulieren mit dem Vorhandensein und der Aktivität der Skene-Drüsen und ihrer Verbindung zur Harnröhre. Eine weitere Theorie besagt, dass diese Drüsen trainiert werden können und die Menge dadurch im Laufe der Zeit größer wird.

Das Ejakulieren erlernen

Das Ejakulieren lässt sich zwar üben, doch es gibt keine Garantie dafür, dass es deiner Partnerin sicher gelingt. Setzt euch also nicht unter Druck, sondern lasst es ganz entspannt geschehen. Guter Sex verfolgt nie ein Ziel, sondern findet immer im Moment statt. Macht mehr von dem, was Spaß macht, anstatt irgendeiner Idee hinterherzujagen. Alles, was du hier findest, ist also als Anregung gedacht und kein »Muss«.

Es kann auch sein, dass deine Partnerin nach innen ejakuliert, dass es also einfach von außen nicht sichtbar ist. Wie auch immer: Spaß haben und entspannen!

Deine Partnerin kann als Erstes den Abschnitt zum Beckenbodentraining im »Frauenkapitel« lesen. Dort findet sie gute Übungen, um ihre Beckenbodenmuskulatur fit zu machen. Ein kräftiger Beckenboden kann euch beiden zu mehr sexuellem Genuss verhelfen und ist eine gute Voraussetzung fürs Ejakulieren.

Außerdem sollte sie natürlich viel trinken, denn woher soll die Extraflüssigkeit kommen, wenn der Körper keine zur Verfügung hat? Das bedeutet nicht, das sie vor dem Sex schnell noch einen Liter Wasser runterkippt, sondern dass sie am besten in kleinen Mengen regelmäßig für ausreichend Flüssigkeit sorgt.

Bevor sie dann versucht zu ejakulieren, sollte sie unbedingt ihre Blase entleeren. Vor dem Sex ist es sowieso eine gute Idee, die Toilette aufzusuchen, und in diesem Fall ganz besonders. Viele Frauen haben Angst, unbeabsichtigt zu pinkeln; ist aber die Blase leer, kann sie ganz sicher sein, dass das nicht passiert. Denkt daran, dass es genauso ist wie bei den Männern: Sind sie erregt, können sie nicht pinkeln, aber ejakulieren.

Bei intensiver Stimulierung des G-Punkts fühlt es sich für die Frau eventuell so an, als müsste sie dringend pinkeln. Das ist der Zeitpunkt, an dem viele Frauen aufhören wollen, weil der Druck und die Empfindungen zu stark werden. Oder sie zieht ganz unbewusst ihre PC-Muskeln zusammen, um den (nicht vorhandenen) Urin zurückzuhalten.

So geht's: Wie du ihr beim Loslassen hilfst

- Genau jetzt, wenn sie die Stimulierung zu überfluten scheint und sie aufhören will, musst du weitermachen. Erinnere sie daran, dass sie gerade auf der Toilette war und ganz sicher nicht pinkeln wird. Auch ist es gut, wenn ihr extra Handtücher oder ein wasserfestes Laken verwendet, so kann sie sich entspannen.
- Sie kann sich vorstellen, etwas aus der Vagina herauszudrücken – statt die Muskeln nach innen anzuspannen.
- Oft kommt die Ejakulation, wenn sie aufgibt, wenn sie eben gerade nicht mehr so sehr versucht, etwas zu erreichen.
- Sollte es diesmal nicht klappen, wechselt entspannt zu etwas anderem, das Spaß macht, und probiert es ein andermal wieder. Oft braucht es etwas Übung, und manche Frauen ejakulieren nie. Macht es nicht zum Leistungssport, sondern habt Spaß beim Ausprobieren.

So geht's: Wie du sie beim Ejakulieren Schritt für Schritt unterstützen kannst

Ein besonders hoher Erregungszustand ist die Voraussetzung für die weibliche Ejakulation. Also bist du wieder an der Reihe und darfst deine Partnerin aktiv darin unterstützen zu ejakulieren. Gehe dazu wie folgt vor:

- Der erste Schritt zur weiblichen Ejakulation ist die Stimulation des G-Punkts. Dazu kannst du eine der vielen Techniken verwenden, die du weiter vorn im Buch kennengelernt hast.
- Du spürst nun, wie der G-Punkt unter deinen Fingern anzuschwellen beginnt. Du kannst anstelle deiner Finger auch ein Spielzeug verwenden, das speziell für den G-Punkt entwickelt wurde. So wie bei jeder Stimulation baust du die Intensität nur langsam auf – geh auf keinen Fall zu schnell vor.
- Probiere verschiedene Techniken der G-Punkt-Stimulation aus. Denk daran: Es geht darum, die Erregung langsam aufzubauen, und nicht um einen schnellen Orgasmus.
- Liebt deine Partnerin gleichzeitige klitorale Stimulation, stimuliere auch die Klitoris. Da alle Nerven im Genitalbereich miteinander verbunden sind, schaukeln sie sich gegenseitig hoch und intensivieren die Erregung.
- Zwischendurch ist es gut, auch immer wieder andere Körperteile zu berühren. Dadurch verteilt sich die Erregung und dehnt sich über den ganzen Körper aus. Je mehr verschiedene Nerven du stimulierst, desto bunter ist das Konzert von Signalen im Gehirn.
- Du stimulierst weiterhin den G-Punkt und spürst, wie er unter deinen Fingern anschwillt und noch besser zu spüren ist. Bei manchen Frauen hörst du vielleicht ein Schwappen, das sich »saftiger« und lauter anhört als bei vaginaler Penetration.
- Mach weiter mit der Stimulation. Frauen, die Erfahrung im Ejakulieren haben, können dir womöglich genau sagen, wenn sie kurz davor stehen. Anderen ist es oft nicht bewusst, und du spürst vielleicht, dass sie zu pressen und zu drücken beginnt. Falls sie es nicht von allein tut, kannst du sie auch bitten, bewusst ab und zu mit den PC-Muskeln nach außen zu drücken. Das kannst du zum Beispiel mit dem Atemryhthmus und Zählen verbinden. Mancher Frau hilft es sehr, sich fallenzulassen, wenn du ganz genau sagst, was sie tun soll: einatmen 1-2-3-4-5, halten, ausatmen und drücken 1-2-3-4-5.

So geht's: Hilfreiche Varianten

- Probiere verschiedene Positionen ihres Beckens aus: weiter nach vorn oder weiter nach hinten.
- Verändert ihre Körperposition: liegen, hocken, knien.
- Konzentriere dich auf das Atmen und atme laut und tief – sie wird sich automatisch einklinken.
- Gib ihr eine Schlafmaske, um optische Reize auszuschließen; so kann sie sich eventuell besser entspannen.
- Hast du das Gefühl, sie steht kurz vor dem Orgasmus, hast du zwei Möglichkeiten: Entweder stimulierst du den G-Punkt noch kurz weiter und achtest darauf, den Druck beizubehalten. Oder du drückst mit deinen Fingern fest auf den G-Punkt – jetzt könnte der Moment sein, in dem sie ejakuliert.
- Falls du zur Stimulation mehr als zwei Finger, einen Dildo oder deinen Penis benutzt, könnte es sein, dass du die Harnöffnung und damit auch der Ejakulation den Weg versperrst. Probiere es aus, ob sie ohne etwas in der Vagina ejakuliert, aber kündige es an, wenn du dich plötzlich zurückziehst, und berühre sie gleichzeitig an anderen Körperstellen, sonst kann es sich für sie sehr merkwürdig anfühlen.

Und dann war der große Moment da: Sie hat ejakuliert! Wie fühlt sich das Ejakulieren nun an? Manche Frauen spüren in dem Moment genau, was gerade passiert und dass sie squirten. Andere wiederum sind erstaunt, wenn sie hinterher einen nassen Fleck unter ihrem Po entdecken. Mit mehr Erfahrung findet ihr heraus, was genau funktioniert, welche Umstände gut sind und welche eine Ejakulation eher verhindern.

Inspiriere deine Partnerin auch dazu, allein zu üben, denn viele Frauen finden es dann einfacher zu ejakulieren.

Hat sie bereits durch direkte G-Punkt-Stimulation ejakuliert, dann versucht es weiter auf diesem Weg. Funktioniert es bei ihr mit klitoraler oder analer Penetration, dann konzentriert euch einfach darauf.

Ejakulation und Orgasmus sind zwei völlig unterschiedliche Dinge (gleich mehr dazu), und falls bei ihr beides gleichzeitig einfach nicht geht oder zurzeit nur eines, ist das ganz normal, und sie braucht sich nicht zu ärgern. Akzeptiert zusammen das, was funktioniert, und genießt es in vollen Zügen!

Noch mehr Wissenswertes

Ejakulation während des Geschlechtsverkehrs

Ejakulation während des Geschlechtsverkehrs ist möglich, jedoch nicht sehr wahrscheinlich, insbesondere, wenn deine Partnerin nicht ejakulieren kann, während etwas in ihrer Vagina ist, in dem Fall dein Penis.

Positionen, in denen du viel Spielraum hast und dich leicht zurückziehen kannst, sind daher die günstigsten. Eine Position wie die Reiterstellung, wo sie oben ist, funktioniert gut, wenn sie spürt, wann sie kurz vor dem Ejakulieren ist.

Probiere eher Stellungen aus, die schon für den G-Punkt sehr gut funktioniert haben. So sind die Voraussetzungen, dass sie ejakuliert, besser.

Ejakulation ohne G-Punkt-Stimulation

Viele Frauen haben die Erfahrung gemacht, dass eine direkte Verbindung zwischen G-Punkt-Stimulation und weiblicher Ejakulation besteht; dennoch gibt es Frauen, die allein durch klitorale Stimulation oder Atemübungen, auch völlig ohne Penetration oder G-Punkt-Stimulation, ejakulieren können. Für manche Frauen ist das sogar ihr einziger Weg zur Ejakulation.

Vielleicht ist der G-Punkt nicht der alleinige Auslöser dafür, dass sich die Drüsen im Harnröhrenschwamm mit Flüssigkeit füllen. Manche Experten meinen, dass bei klitoraler Stimulierung der innere Teil des Schwellgewebes und so auch der Harnröhrenschwamm mit stimuliert werden und dadurch die Drüsen genauso Flüssigkeit produzieren.

Hinzu kommt, dass die PC-Muskeln ja maßgeblich an der Ejakulation beteiligt sind und auch ohne den G-Punkt funktionieren, da sie willentlich gesteuert werden können; das spricht ebenfalls für die Möglichkeit, ohne direkte G-Punkt-Stimulierung ejakulieren zu können.

Analsex und Ejakulation

Analsex und Ejakulation: Das passt gut zusammen. Wie schon beschrieben, lässt sich der G-Punkt gut durch den Anus stimulieren. Der Vorteil ist, dass durch die indirekte Stimulierung der Harnröhenausgang weniger oder gar nicht blockiert ist und das Ejakulieren für viele Frauen somit leichter ist als bei vaginaler G-Punkt-Stimulation.

Ejakulieren – wie Frauen es beschreiben

Die Ejakulation passiert vielleicht nicht zum gleichen Zeitpunkt wie der Orgasmus, sondern unmittelbar davor oder danach. In diesem Fall empfinden Frauen es wie ein gewaltiges Loslassen, aber nicht wie einen Orgasmus. Frauen, die gleichzeitig mit dem Orgasmus ejakulieren können, beschreiben diesen ejakulierenden Orgasmus als vollkommen einzigartig. Sie sprechen von einem tieferen Ganzkörperorgasmus, nach dem sie sich völlig befriedigt und erschöpft fühlen. Hier siehst du, wie vier Frauen ihre Ejakulation beschreiben.

»Wird mein G-Punkt stimuliert, ist es ein unglaubliches Gefühl, das sich langsam in zügelloses Verlangen verwandelt. Ich kann dann immer weitermachen, wenn ich erst einmal angefangen habe, ein Orgasmus jagt den anderen, und mein Partner hat nachher viel zum Aufwischen!« (Tanja)

»Ich habe das Ejakulieren eher zufällig entdeckt und seitdem immer besser gelernt, wie ich ejakulieren kann. Es fühlt sich ungeheuer kraftvoll an. Ich spritze richtig weit, und es gibt mir ein tolles Gefühl von Loslassen.« (Barbara)

»Der G-Punkt-Orgasmus lockt eine ganz andere Seite aus mir heraus, ich fühle mich kraftvoll, wie eine Tigerin, und will das Ejakulat am liebsten in die ganze Welt verspritzen.« (Sabine)

»Ich brauche eine völlig andere Stimulation für eine Ejakulation, als ich sonst im Sex liebe, daher entscheide ich mich nur manchmal dafür. Wenn, dann ist es aber immer ein ganz besonderes Erlebnis. Ich fühle mich, als würde ich mit der Welt verschmelzen.« (Christine)

Der nasse Fleck: Einfach gut vorsorgen

Hast du die wundersame weibliche Ejakulation bereits erleben dürfen, weißt du: Es kann nass werden. Nass ist toll; die Bettlaken nach jedem Sex zu wechseln, ist allerdings weniger romantisch. Und auch die Matratze leidet auf Dauer darunter. Hier sind ein paar Tipps für euch, damit euer Wäscheberg nicht in die Höhe schnellt, ihr die Kuschelzeit nach dem Sex genießen könnt, aber auch niemand im Nassen schlafen muss.

- Wenn du nicht unbedingt eine Flutwelle erwartest, genügt es, ein Handtuch unterzulegen, das die Flüssigkeit aufnehmen kann. Nimm ein möglichst großes – je größer, desto besser; so kann sich deine Partnerin bewegen, ohne gleich vom Handtuch zu rutschen. Anschließend tust du es einfach in die Wäsche.

- Ejakuliert deine Partnerin aber gern ein wenig mehr, brauchst du andere Lösungen. Hier kannst du zwischen waschbaren Auflagen für die Matratze oder Einmalunterlagen wählen.

In Drogerien gibt es Einwegunterlagen für Menschen mit Inkontinenz. Sie bestehen aus einem saugfähigen Material auf der einen Seite und aus Plastik auf der anderen. Sie können das Ejakulat gut aufsaugen, knistern aber vielleicht ein wenig unangenehm, wenn deine Partnerin sich darauf hin und her bewegt.

Für umweltbewusstere Geister gibt es waschbare Auflagen, entweder fürs Bett bei Inkontinenz oder für Baby-Wickelkommoden. Auch sie haben den Vorteil, dass sie einfach nach dem Sex zusammengefaltet werden können und in die Wäsche kommen – und ihr könnt weiter kuscheln.

- Falls du nicht so genau darauf achten möchtest, ob sie gerade an der passenden Stelle auf der Matratzenauflage liegt, empfehlen sich wasserdichte Spannbettlaken. Früher haben die unangenehm geknistert, doch heute fühlen sie sich wie ganz normale Laken an und sind lediglich auf der Unterseite mit einer Gummierung versehen, die verhindert, dass das Ejakulat die Matratze erreicht.

Noch eine Bemerkung: Falls deine Partnerin Angst hat zu urinieren, sage ihr, dass auch das kein Problem sei. Urin ist steril (falls sie nicht krank ist) und lässt sich bei 60 °C in der Maschine restlos auswaschen. Wenn du besonders sichergehen willst, kannst du einen Hygienezusatz verwenden, der die Wäsche zusätzlich desinfiziert.

Troubleshooting: Was du bei Problemen tun kannst

Wenn Scham im Spiel ist

Viele Frauen haben Angst vor einer Ejakulation oder dem Gefühl, pinkeln zu müssen, weil sie annehmen, dass sie tatsächlich urinieren könnten. Sie schämen sich für ihre Reaktion, weil sie meinen zu versagen. Hier hilft Aufklärung – mehr unter »Woraus besteht die Flüssigkeit?«.

Andere Frauen sind vielleicht schon einmal von einer Ejakulation überrascht worden, und ihr Partner hat sich über sie lustig oder ihnen Vorwürfe gemacht – das ist meistens peinlich genug, um eine Frau für lange Zeit oder gar für immer von ihrem G-Punkt und vom Ejakulieren fernzuhalten.

Falls das bei deiner Partnerin der Fall ist, ermutige sie, es wieder zu probieren, und mach ihr klar, dass du dem gegenüber absolut positiv eingestellt bist.

Vielleicht benötigt sie auch zusätzliche Informationen über die Vorgänge in ihrem Körper. Entweder erzählst du ihr, was du gelesen hast, oder du gibst ihr einfach dieses Buch. Nimm nicht an, dass sie, bloß weil sie eine Frau ist, schon alles über ihren Körper wüsste!

Auch eine gute praktische Vorbereitung mit Handtüchern und/oder einem wasserfesten Laken kann ihr zeigen, dass du wirklich offen für ihre Ejakulation bist.

Sie ejakuliert nicht

Das ist eigentlich kein Problem, solange ihr beide es nicht zu einem macht.

Um einen G-Punkt-Orgasmus erreichen zu können, muss eine Frau intensiv und auf die richtige Art stimuliert werden. Finde also heraus, was deine Partnerin am meisten antörnt und wodurch sie am intensivsten erregt wird, damit du ihr den höchsten Erregungszustand verschaffen kannst.

Für eine weibliche Ejakulation spielen aber noch mehr Faktoren eine Rolle, wie du im letzten Kapitel erfahren hast: zum Beispiel die Angst davor zu pinkeln, schwache PC-Muskeln, oder die Ejakulation wird durch Abdrücken der Harnröhre verhindert. Du findest auf den vorherigen Seiten viele hilfreiche Tipps, wie du ihr helfen kannst, dennoch zu ejakulieren. Und wenn es trotzdem nicht zu klappen scheint, dann lasst es los und genießt einfach alles andere!

Die besondere Geschenkidee

Eine ganz besondere Art, den Beckenboden zu trainieren und dir dabei als Mann einen Platz in den Gedanken deiner Partnerin zu sichern, sind die Übungen mit dem Jade-Ei aus dem 5000 Jahre alten chinesischen Taoismus. Es ist eine sehr einfache Methode, die Muskeln ständig ein wenig zu trainieren, doch sie ist bei uns kaum bekannt. Hier also der Spezialtipp:

Besorge dir ein Ei aus einem Schmuckstein. Besonders gut geeignet sind Jade, Bergkristall oder Rosenquarz. Finde heraus, ob deine Partnerin einen Lieblingsstein hat. Oder vielleicht magst du ihr eine kleine Auswahl schenken. Es gibt die Eier in verschiedenen Größen, gut bewährt hat sich ein Längsdurchmesser von etwa 4,5 Zentimetern. Auch Kugeln sind möglich.

Diese Eier gibt es das ganze Jahr über in Steingeschäften und im Internet zu kaufen, vor Weihnachten auf Weihnachtsmärkten, und auch Amazon hat eine kleine Auswahl (Einkaufsquellen unter www.lovebase. com/pussyyoga). Ein darauf spezialisierter Laden bietet statt Eiern Kugeln an (www.feel-feminin.de); diese haben zusätzlich eine kleine Kette zum Rausziehen. Manche Frauen empfinden die Kette als praktisch, andere als störend.

Das Ei wird für eine Weile in der Vagina getragen. Sein Gewicht drückt leicht auf die Beckenbodenmuskeln, die das Ei reflektorisch in der Vagina zu halten versuchen und so trainiert werden. Im Kapitel für Frauen findet deine Partnerin eine Anleitung für Beckenbodenübungen, die sie mit dem Ei machen kann.

Ein kräftiger Beckenboden hilft ihr beim Ejakulieren, ermöglicht tiefere Orgasmen und mehr Empfindungen beim Sex. Wenn du ihr mit diesem Ei dabei hilfst, bleibst du sicher in guter Erinnerung.

Und wenn sie das Ei nicht gerade trägt, sieht es auch als Deko schön aus und erinnert euch beim Blick darauf an schöne Gefühle.

● Ein paar Worte von Frau zu Frau

Der große Unterschied

Wie ich schon in der Einleitung geschrieben habe, ist dieses Buch bewusst an Männer gerichtet. Du hast dich vielleicht gefragt, warum. Warum also? Ich erlebe in meiner Arbeit immer wieder, dass es große Unterschiede dabei gibt, wie Männer und Frauen Sexualität betrachten. (Mir ist natürlich bewusst, dass es nicht »den Mann« und »die Frau« gibt, daher hab bitte etwas Nachsicht, wenn nicht alles 100-prozentig auf dich zutrifft, und schau, was du an nützlichen Informationen finden kannst.) Der Unterschied liegt nicht so sehr darin, *was* Männer und Frauen erleben wollen, sei es Erregung, Ekstase, Nähe, Verbindung, Glück. Aber die Art und Weise, *wie* Männer und Frauen dahinkommen wollen, unterscheidet sich grundsätzlich.

Frauen wollen oft zuerst eine gute emotionale Verbindung und interessieren sich dann für Sex. Männer wollen gerne zuerst Sex, weil er für sie auch eine gute emotionale Verbindung aufbaut. Es gibt mehrere Gründe dafür – so haben Frauen und Männer natürlich unterschiedliche Körper, und wir werden in der Gesellschaft unterschiedlich behandelt und erzogen.

Wegen dieser beiden quasi gegensätzlichen Haltungen könnte ein Buch, das versucht, sich an beide Geschlechter gleichzeitig zu wenden, leicht falsch verstanden werden. Jeder liest das, was er oder sie sowieso schon denkt. Die Männer lesen: »Mehr Ekstase«, und die Frauen verstehen: »Ganzheitlicher angehen!«

Yellas
Tantra-Tipps!

Plus- und Minus-Pole

Auch aus tantrischer Sicht funktionieren Männer und Frauen unterschiedlich. Demnach werden Männer als Erstes sexuell aktiv und Frauen als Erstes emotional aktiv. Ich habe schon etwas über den positiven und negativen Pol geschrieben. Wenn du als Frau um diesen Unterschied weißt, fällt es dir leichter, den Mann zu verstehen und für dich zu sorgen. Du kannst ihn zum Beispiel aktiv um das »Aufwärmen« bitten. »Positiv« oder »negativ« ist nicht besser oder schlechter, nur anders. Und da wir oft davon ausgehen, dass der andere so wie wir selbst funktionieren, braucht es oft noch einmal ein Innehalten.

Wenn ein Mann sich mit dem G-Punkt beschäftigen will, dann möchte er am liebsten, dass sich die Frau gleich auszieht und er sich auf die Suche nach dem G-Punkt machen kann. Halb ernst: Der Mann muss daran erinnert werden, dass an dem G-Punkt eine Frau hängt, so fasziniert ist er! Das Buch enthält daher ausführlich alle Informationen, die es rund um den G-Punkt gibt, und ermutigt dazu, die G-Punkt-Erforschung ganzheitlich anzugehen, sodass Kommunikation, eigene Haltung und Technik optimal zusammenkommen.

Frauen haben verschiedene andere Schwachstellen: Sie resignieren oft zu schnell und zu früh und geben sich mit »ein bisschen Lust« und »ein bisschen Ekstase« zufrieden, Hauptsache sie fühlen sich dem Mann nah. Dabei gäbe es noch viel mehr zu erforschen und ganz für sich selbst zu genießen. Aber sie wollen nicht zu viel für sich fordern, und sicher ist der Mann schon ganz erschöpft ... Dir als Frau möchte ich daher immer sagen: Trau dich noch ein bisschen mehr, das Ganze zu genießen!

Körperscham und Selbstbewusstsein

Das größte Problem, das die allermeisten Frauen mit ihrem Körper haben, ist, dass sie ihn nicht mögen. Irgendwas stimmt immer nicht: zu dick, zu dünn, zu viel, zu wenig, und die meisten Frauen denken, dass andere Frauen hübscher sind als sie selbst. 99 Prozent der Frauen finden sich nicht schön – nicht schön genug, um liebenswert zu sein (laut der Studie »Die ganze Wahrheit über Schönheit« von der Firma Dove, einer weltweiten Umfrage im Mai 2010 unter 6407 Frauen im Alter zwischen 18 und 64 Jahren in 20 Ländern zum Thema Schönheit und Selbstbewusstsein). Und weil sich Frauen nicht schön fühlen, genießen sie oft ihren Körper nicht.

Ein gutes Verhältnis zum eigenen Körper zu bekommen ist meiner Meinung nach das Wichtigste, was Frauen für guten Sex tun können.

Damit meine ich nicht, endlich die richtige Mascara zu finden, sondern sich so anzunehmen, wie der Körper ist, und dann gegebenenfalls Schritte einzuleiten, um Veränderungen zu erreichen, wenn dir das wirklich wichtig ist.

Wenn du dich nicht selbst kritisierst, tut das vielleicht die Gesellschaft: Fernsehen, Zeitschriften, Filme und Internet vermitteln sehr unrealistische Frauenbilder, und außerdem wechseln diese immer wieder mit der Mode: Du hast also keine Chance, wirklich »passend« oder dauerhaft »schön« zu sein, wenn du dich von außen definieren lässt. Und selbst wenn du es für eine Weile schaffst: Spätestens wenn du älter wirst, geht es bergab ... Das meine ich natürlich nicht ernst!

Eine, wie ich finde, wunderschöne Freundin hat mir kurz nach ihrem 60. Geburtstag verraten, dass sie nun versteht, warum Frauen in ihrem Alter oft leuchtenden Lippenstift und intensive Farben tragen: Sie werden sonst schlicht übersehen und unsichtbar. Männer in ihrem Alter flirten nicht mehr zurück, charmante Bemerkungen verhallen unbeantwortet. Das gesellschaftliche Bild von Attraktivität ist eher auf junge Frauen ausgerichtet, und das kann bedeuten, dass die Gesellschaft dich als nicht attraktiv empfindet.

Doch Schönheit liegt immer im Auge des Betrachters, und meistens geht es dabei nicht nur um das Äußere! Männer finden Frauen sexy, die sich selbst in ihrer Haut wohlfühlen und das ausstrahlen: ob mit Kleidergröße 36 oder 48, ob sie 18 oder 68 Jahre alt sind! Lass dich daher nicht von der Gesellschaft verrückt machen, sondern freunde dich mit deinem Körper an und lerne, auf deine eigenen Bedürfnisse zu hören, sodass du dich in deiner Haut wohlfühlst.

Sexuell begehrt zu sein, wenn du jung und schön bist, ist eines. Strahlst du vor allem »sexy« aus, wollen Männer von dir auch genau das: Sex. Aber das wird oft verwechselt mit Liebe und Partnerschaft, und dafür brauchst du nicht ständig sexy zu sein; sei lieber charmant, warmherzig, inspirierend, witzig, authentisch. Dann wollen sie dich auch in ihrem Leben. Und Schönheit ist (auch bei Männern!) viel mehr als nur Äußerlichkeit. Wenn du all deine Zeit investierst, um schön auszusehen, bleibt möglicherweise nicht viel übrig, um auch die anderen Bereiche in deinem Leben zu entwickeln.

Dass viele Frauen sich nicht schön finden, ist ein persönliches Problem, das aber einer ganzen Industrie nützt: Die Kosmetik- und die Modebranche verdienen daran wunderbar. Hast du dich jemals gefragt, warum deine Haut ohne die richtige Pflege angeblich kaum überleben kann, wenn es nach der Werbung geht, warum aber 50 Prozent der Menschheit – nämlich Männer – sehr gut ohne all die Pflegeserien auskommen? Ich will damit nicht Kosmetik und Mode verteufeln, denn sie haben ihren wunderbaren Platz. Ich möchte jedoch deutlich machen, dass diese Produkte dich nicht schön machen, sondern dass du zuerst schön *bist* und dann das noch mehr unterstreichen kannst.

Es gibt viele Bücher, die dir helfen, mehr Selbstbewusstsein in Bezug auf deinen Körper zu finden. Lies einige, wenn du das Gefühl hast, du könntest dich noch ein bisschen besser fühlen!

Ein paar Fakten über deinen Körper, die dir vielleicht neu sind

Im Kapitel »Anatomie« wurde der weibliche Körper ausführlich erklärt. Wusstest du das alles schon? Was ich hier noch einmal hervorheben möchte: Du hast genauso wie der Mann Schwellkörper, und deine brauchen deutlich länger als seine, um sich komplett mit Blut zu füllen. Danach fühlt sich Berührung für die meisten Frauen noch viel besser an. Nimm dir also deine Zeit!

Auch wichtig zu wissen ist, dass du einen Hormonzyklus hast, der starken Einfluss auf dein Körpergefühl und deine Emotionen nimmt. Was gestern wunderbar funktioniert hat, fühlt sich heute vielleicht gar nicht gut an. Deswegen bist du nicht »seltsam«, sondern dein Körper funktioniert einfach anders als der von Männern! Auch Frauen, die die Pille nehmen, haben übrigens diese Schwankungen, da der Körper nicht ganz aufhört, selbst Hormone zu produzieren.

Noch in einem weiteren wichtigen Punkt funktioniert dein Körper anders als der eines Mannes, und zwar ist das der Zusammenhang von Erregung und Nervensignalen: Männer können bei sexueller Erregung alles andere ausblenden; Frauen dagegen müssen sich erst sicher und geschützt fühlen, um überhaupt sexuelle Erregung aufbauen zu können. Daher bringen ungewöhnliche Geräusche wie ein Türenklappen dich womöglich gleich aus der Stimmung, während er es nicht einmal wahrnimmt.

Es lohnt sich, den eigenen Körper gut zu kennen

Den eigenen Körper gut zu kennen hat viele Vorteile. Du kannst zum Beispiel gezielter nach dem fragen, was dir gefällt, oder besser Rückmeldung geben. Du bist unabhängiger vom Mann.

Was bedeutet es denn genau, den eigenen Körper zu kennen? Das kann einmal die äußere Hülle sein: Was für eine Figur hast du wirklich? Frauen, die ihren Umriss aufmalen sollten, haben sich oft fülliger und größer gezeichnet, als sie tatsächlich waren!

• Nimm dir also einmal Zeit, dich ausführlich im Spiegel zu betrachten, und zwar mit einem freundlichen Blick. So wie du eine Freundin angucken würdest, die du magst und schön findest! Mach dir dabei selbst Komplimente. Du kannst diese auch gern laut aussprechen, denn das ist noch wirksamer!

- Auch die Reaktionen deines Körpers kannst du gut allein erforschen. Wie fühlt es sich an, hier oder da berührt zu werden? Wie unterschiedlich fühlt sich dein Körper an verschiedenen Stellen an? Wie nimmst du eine Berührung wahr, wenn du die Muskeln darunter anspannst oder entspannst?
- Erforsche natürlich auch deine Genitalien! Probiere genauso wie mit einem Partner den Unterschied zwischen Erregen und Forschen aus. Du kannst dabei beliebig langsam werden, so als würdest du dich in Zeitlupe berühren und jedes Gefühl durch ein Vergrößerungsglas fühlen. Du kannst dabei deine Gefühle laut beschreiben oder auch Geräusche machen, laut atmen und stöhnen. So lernst du, Gefühle in Worte zu fassen und deinen Gefühlen eine Stimme zu geben. Dich so fein und detailliert kennenzulernen hilft dir auch, während der Begegnung mit deinem Partner klar zu spüren, was dir guttut, selbst wenn es gerade etwas aufregender und schneller zugeht.

Pussy Yoga: Den Beckenboden trainieren

An verschiedenen Stellen im Buch findest du den Hinweis, wie wichtig ein kräftiger Beckenboden ist. Um ihn erst einmal besser kennenzulernen und auf einfache Weise zu stärken, folgt hier eine Übung, die du jederzeit und überall machen kannst.

So geht's: PC-Muskelspiel

- Entspanne dich und konzentriere dich ganz auf deinen Geni- talbereich. Atme ein paar Mal tief ein und aus.
- Mach dir deine Beckenbodenmuskeln bewusst. Es sind die Muskeln, mit denen du das Urinieren unterbrechen kannst.
- Nun atmest du tief ein und spannst gleichzeitig deine PC-Muskeln an. Halte die Spannung für einige Sekunden. Beim Ausatmen lockerst du die Muskeln wieder.

»Ein – halten, aus – loslassen ...« Zu Beginn wiederholst du das 20-mal, später kannst du dich langsam steigern und schließlich bis zu 100 Wiederholungen machen. Beginne aber mit weniger, da auch die PC-Muskeln Muskelkater bekommen oder, schlimmer noch, sich schmerzhaft verkrampfen können!

Sehr effektiv: Üben mit Ei

Viele Frauen haben schon einmal von Kegel-Übungen gehört; die machen jedoch nur wenigen Frauen Spaß, und daher hören die meisten schnell wieder damit auf. Es gibt aber eine sehr einfache und angenehme Art, den Beckenboden mit einem Hilfsmittel zu trainieren, die viel wirkungsvoller als Kegel-Übungen ist: das Pussy Yoga, im Tantra auch Übungen mit dem Yoni-Ei genannt.

Dazu verwendest du ein etwa 4,5 Zentimeter langes Ei aus einem Halbedelstein wie Jade, Rosenquarz oder Bergkristall. Wichtig ist, dass die Oberfläche glatt und unbehandelt ist. Vielleicht schenkt dir dein Partner ein solches Ei oder eine Kugel. Es gibt sie auch durchbohrt oder mit einer kleinen Kette, was für Anfängerinnen häufig einfacher ist.

Das Ei wird in der Vagina getragen. Sein Gewicht übt einen konstanten leichten Druck auf die Beckenbodenmuskeln aus, die wiederum das Ei in der Vagina halten wollen – so werden sie stetig trainiert. Anfangs wirst du das Ei vermutlich nicht bewusst spüren, wie du auch einen Tampon nicht ständig bewusst spürst.

So geht's: Pussy Yoga mit dem Yoni-Ei

- Vor der ersten Verwendung ist es gut, das Ei 10 Minuten lang abzukochen: Lege es in kaltes Wasser, erhitze es langsam und lass es auch langsam wieder abkühlen – so bleibt es sicher heil.
- Wärme das Ei mit den Händen oder mit warmem Wasser an, bevor du es einführst. Du kannst es auch mit etwas Gleitmittel oder Öl befeuchten.
- Nimm dir zum Einführen einen Moment Zeit, mach das nie schnell oder unaufmerksam. Frage dich, ob deine Vagina bereit ist und jetzt etwas in sich tragen möchte oder ob ein anderer Zeitpunkt besser ist.

- Du kannst das Ei den ganzen Tag lang tragen oder nur ein paar Stunden, je nachdem, wie es dir gefällt. In den ersten Wochen solltest du dich langsam von einer Stunde auf zwei Stunden steigern und so weiter, damit es keinen Muskelkater gibt.
- Probiere unterschiedliche Größen aus. Wenn es von allein herausfällt, ist das Ei zu klein; verursacht es Druck auf der Blase, ist es zu groß. Größere Eier sind einfacher, da die Muskeln besser entwickelt sein müssen, um ein kleines Ei am Herausfallen zu hindern. 4,5 Zentimeter ist für viele eine gute Größe.
- Normalerweise kann das Ei oder die Kugel in der Vagina bleiben, wenn du pinkeln musst, und fällt nicht versehentlich heraus. Wenn du aber sehr viel auf und ab hüpfst (wie beim Tanzen), kann das doch schon einmal passieren. Es ist nicht weiter schlimm: einfach einsammeln, abwaschen und einpacken.
  Wenn das Ei oder die Kugel keine Kette zum Zurückholen hat, braucht es etwas Übung, um das Ei herauszunehmen. Das wiederum ist eine gute Vorübung zum Ejakulieren. Der leichte Druck, um das Ei rauszustoßen, ist derselbe wie beim Ejakulieren.
- Du kannst probieren, es mit einem Finger hervorzulocken; einfacher geht es, wenn du dazu ein Bein hochstellst, zum Beispiel auf die Kante der Badewanne. Falls das am Anfang noch nicht funktioniert, kannst du dich hinhocken und bewusst mit den Beckenbodenmuskeln nach außen drücken, am besten in der Dusche, wo du keine Angst hast zu pinkeln. So wird es dir nach einer Weile gut gelingen.
- Nach dem Tragen wird das Ei mit Wasser abgewaschen, gegebenenfalls mit einer milden Seife, und am besten in einem kleinen Beutel gelagert. Nur wenn du eine Infektion hattest oder das Ei dreckig geworden ist, kochst du es wieder.

Pussy Yoga für Fortgeschrittene

Es gibt weitere interessante Übungen mit dem Yoni-Ei. Sie schließen Gewichtheben mit einem durchbohrten Ei und das bewusste Bewegen von einem oder zwei Eiern in der Vagina ein. Aber auch ganz normale Yogaübungen können mit dem Yoni-Ei noch wirksamer werden, insbesondere

Übungen, die den Beckenboden ansprechen wie die Brücke, der Frosch, der Scheibenwischer. Mehr findest du unter »Pussy Yoga« von Yella Cremer oder (spiritueller) bei Mantak Chia und natürlich im Internet.

Viele Frauen und Männer berichten, dass so ein Ei einen positiven, belebenden Einfluss auf ihre sexuelle Energie hat. Mein Mann sagt, die Vagina fühle sich viel lebendiger an, wenn ich dort über den Tag ein Yoni-Ei getragen habe, so als wäre die sexuelle Energie schon wach und würde auf ihn warten.

Welche innere Haltung unterstützt dich dabei, Spaß beim Sex zu haben?

Du hast am Anfang dieses Kapitels schon einiges über die Einstellung zu deinem Körper gelesen. Hier findest du nun noch weitere Tipps für deine innere Haltung, die sich auch auf dein Verhalten beziehen.

Heilige oder Hure?

Unsere Gesellschaft ist sehr auf christliche Werte ausgerichtet, auch wenn es auf den ersten Blick nicht so aussieht, da nur noch wenige Menschen regelmäßig in die Kirche gehen. Doch Sexualität wird nach wie vor nicht sehr positiv betrachtet – oder könntest du dir vorstellen, von deinem tollen Sexerlebnis genauso begeistert zu schwärmen wie von einem beruflichen Erfolg? Vor den meisten Menschen wahrscheinlich eher nicht.

Die Einteilung in »ordentliche Frau« und »Schlampe« ist sehr lebendig und die Grenze fein: Du sollst zwar sexy aussehen, aber sexuell nicht zu aktiv sein. Mit dem richtigen Mann sollst du sexuell offen sein, aber am besten nur dann wollen, wenn er Interesse zeigt, und nicht mehr oder öfter als er.

Auf diesem feinen Grat zu wandeln, am besten in Highheels, ist eine anspruchsvolle Aufgabe, und es ist verständlich, wenn es dir nicht leichtfällt, deine sexuellen Wünsche frei auszudrücken! Was du tun kannst: Mach dir immer wieder bewusst, dass diese gesellschaftlichen Ideen veraltet sind und dass du damit jonglieren kannst, wie es dir passt.

In den folgenden Abschnitten findest du weitere Tipps, wie du lernen kannst, deine Wünsche gut auszudrücken.

Vorbilder suchen: Wir sind die Summe der Menschen, die uns nahestehen

Weil die meisten Frauen lieber nicht als »Schlampe« gelten wollen, gibt es sehr wenige, die ihre Sexualität frei ausleben und dabei gute Vorbilder sind. Die Forschung hat aber herausgefunden, dass wir unseren fünf nächststehenden Menschen sehr ähneln (andere nennen 20 Personen). Einerseits suchen wir uns Gleichgesinnte, doch diese beeinflussen uns andererseits auch stark. Die Studien beziehen sich auf ein weites Feld: vom Gewicht übers Einkommen bis hin zum persönlichen Lebensglück.

Wer könnte in deiner Umgebung ein Rollenmodell für bewusst und erfüllt gelebte Sexualität sein? Such dir aktiv ein Vorbild! Wenn du es nicht in deiner nahen Umgebung findest, dann kann es auch eine bekannte Person sein oder eine fiktive Figur wie die Göttin Aphrodite. Schau genau hin: Was macht sie, was gefällt dir an ihr? Wie drückt sie ihre Sexualität aus?

Selbstverantwortung

Vielleicht hast du schon eine Idee, wie erfüllte Sexualität für dich aussieht. Jetzt geht es darum, dich selbst dafür zu engagieren. Warte nicht darauf, dass dein Traumprinz (oder deine Traumprinzessin, je nach Geschmack) dich glücklich macht!

Frauen werden häufig dazu erzogen, still und bescheiden zu sein, oft verbunden mit dem Argument, dass das zu einem ungewissen späteren Zeitpunkt belohnt würde. Diese Taktik zahlt sich aber für die meisten nicht aus. Beginne besser, dich selbst um die Erfüllung deiner Wünsche zu kümmern, denn das ist etwas, das du beeinflussen kannst. Wann und ob dir irgendwer dankbar ist und/oder die Wünsche von den Augen abliest, kannst du wenig beeinflussen.

Selbstverantwortung betrifft zum einen das Positive, das heißt: aktiv auf etwas zuzugehen, das dir gefällt; zum anderen betrifft es auch das Negative, das heißt: wegzugehen aus Situationen, die dir nicht gefallen.

Als Erstes musst du jedoch herausfinden, was du dir überhaupt wünschst und wie du dich fühlen möchtest!

Wenn dir das häufig empfohlene Zieleaufstellen nicht liegt, gibt es eine andere Technik, die ich als viel passender für Frauen empfinde:
Überlege dir, wie du dich fühlen möchtest, und schau von da aus, was du dafür tun kannst. Das Ganze schriftlich zu machen ist noch effektiver!

Grenzen setzen

Grenzen setzen ist für viele Frauen ein wichtiges Thema. Grenzen setzen zu können und darauf zu vertrauen, dass du es kannst und damit wirksam bist, gibt dir ein Gefühl von Sicherheit.

Ein Leitsatz ist: »Habe dein Nein in deiner Tasche immer dabei!« Ein freundliches und klares Nein liegt vielen Frauen nicht, dabei ist es gerade im Bereich der Sexualität so wichtig! Jedes Mal, wenn du nicht Nein sagst und etwas geschieht, mit dem du auch nur ein kleines bisschen nicht einverstanden bist, verlierst du ein bisschen Respekt vor dir selbst und glaubst weniger daran, dass das Leben für dich gut sein kann.

Viele Frauen ziehen sich gleichzeitig in sich selbst zurück und versuchen, sich gegenüber dem schlechten Gefühl taubzustellen. Auf diese Weise werden sie dem Leben gegenüber immer tauber, weil sich diese Taubheit nicht auf Befehl ein- und ausschalten lässt. Und nicht nur das, auch dein Partner bekommt ungenaue Signale und kann dich immer weniger spüren, je mehr du dich in dein Inneres zurückziehst.

Hier geht es nicht darum zu sagen, dass du falsch bist, wenn es dir schwerfällt, Grenzen zu ziehen. Du hast vermutlich gute Gründe. Ich möchte dich aber ermutigen, es zu lernen – mit kleinen Schritten, so wie es dir möglich ist. Das »Mehr-Weniger-Spiel«.

Therapie und Unterstützung

Es kann sein, dass du all das, was du hier liest, zwar interessant und richtig findest, dass du aber das Gefühl hast, es allein überhaupt nicht umsetzen zu können. Vielleicht hast du (sexuelle) Gewalt erfahren, deine Grenzen wurden nicht respektiert, und deswegen hast du ein tiefes Misstrauen. Oder es gibt ganz andere Gründe. Dann ist es Zeit, dir Unterstützung zu holen. Unterstützung gibt es in vielen Formen. Der erste

Schritt ist immer zu erkennen, dass du Unterstützung brauchst, weil du es allein nicht hinkriegst.

Auch ein Partner kann dich unterstützen, doch es ist wichtig, dass du überprüfst, ob das angemessen ist, egal, wie hoch seine Bereitschaft ist. Er könnte in die Therapeutenrolle fallen, und plötzlich seid ihr kein Paar mehr, sondern habt eine abhängige Beziehung. Vermutlich ist er auch nicht dafür ausgebildet, und es ist schwer für ihn, seine eigenen Gefühle rauszuhalten, sodass die Qualität der Unterstützung für dich sehr unberechenbar ist. Wenn es um Erfahrungen aus deiner Vergangenheit geht, an der er nicht beteiligt war, ist das erst einmal nicht seine Aufgabe.

Falls du Therapie suchst, kann ich dir sehr die Richtungen EMDR, Wing-Wave oder Brainspotting empfehlen. Das sind sehr wirksame Kurzzeittherapien, die oft in wenigen Sitzungen gravierende Veränderungen erreichen.

Selbsterforschung

Um den G-Punkt kennenzulernen ist es, wie gesagt, sinnvoll, dich auch allein damit zu beschäftigen. Du bist ungestörter und kannst ganz in deinem Tempo vorgehen. Dabei bekommst du vielleicht feine Details deiner Wahrnehmung mit, die dir mit einem Partner gar nicht auffallen.

Die eigene Vulva erkunden

Als Erstes kannst du eine Übung machen, um dich einmal genau zu betrachten. Der Penis ist ganz einfach sichtbar, die Vulva, die äußeren Genitalien der Frau, jedoch nicht! Viele Frauen haben ihre eigene Vulva noch nie so genau angesehen.

So geht's: Übung mit dem Spiegel

Du brauchst einen Handspiegel und einen ungestörten Raum. Eine Taschenlampe ist auch gut.

- Um dich selbst zu betrachten, kannst du dich nun über den Spiegel hocken (in einer Art Froschposition) oder dich halb angelehnt auf den Rücken legen und die Beine anwinkeln.

- Wie auch immer, mach es dir bequem und schau einmal ganz genau hin. Verwende dabei wieder den freundlichen, neugierigen Blick und mach dir selbst Komplimente.

Es gibt verschiedene Bücher, die die Vielfalt der Formen der Venuslippen zeigen, zum Beispiel »Pussy Portraits« von Frannie Adams. Was du bei dir siehst, ist auf alle Fälle deine einzigartige Form, so wie deine Pupille einzigartig ist.

Wenn du jetzt denkst: »Das sieht aber ganz anders aus als in den Pornos«, dann hast du recht: Viele der Frauen, die dort mitspielen, haben sich die Venuslippen mit Operationen verkleinern lassen, und in Magazinen werden große Venuslippen gnadenlos wegretuschiert. Angeblich, »weil die Männer das so mögen« – aber es ist nicht bekannt, was zuerst da war: die Vorliebe der Männer oder die Erwartungshaltung, weil es »überall« zu schmale Venuslippen gibt.

So geht's: Den G-Punkt finden

Nachdem du dich ausgiebig betrachtet hast, kannst du dich auf die Suche nach dem G-Punkt machen.

- Probiere es auf alle Fälle zuerst mit einem Finger, denn damit kannst du das Innere der Vagina genauer fühlen als mit einem Toy. Der Punkt liegt an der oberen Wand der Vagina (also die zum Bauch hin; siehe »Innere Werte«).

Nützliche Toys

Wenn du den G-Punkt mit deinen Fingern gefunden hast, kannst du später auch Toys verwenden, wie ich sie ebenfalls beschrieben habe. Vielleicht ist dein G-Punkt damit leichter zu erreichen und fester zu stimulieren.

Solo-Sex: Sex mit einer Person, die du liebst ...

Dieser Satz beschreibt sehr schön, warum Selbstbefriedigung nicht weniger wert ist als Sex mit einem Partner! Im Tantra wird auch von »Selbsterfreuung« und »Selbstlieberitualen« gesprochen. Besonders wichtig sind sie, wenn du Single bist!

»Use it or lose it« (zu Deutsch: »Benutze es oder verliere es«) gilt in vielen Bereichen und auch in der Sexualität. Wenn du meinst, dass deine sexuelle Energie schon wieder ins Fließen kommt, wenn nur der richtige Mann auftaucht, kann es sein, dass du ein Eigentor schießt: Denn wie soll dieser Mann die sexy Seite von dir sehen, wenn diese im Winterschlaf liegt?

Den Mann verstehen

Alison Armstrong sagt, dass viele Frauen denken, Männer seien nur stärker behaarte Frauen, und sie so behandeln würden. (Umgekehrt denken viele Männer, dass Frauen unbehaarte Männer seien.) Diese Idee macht es schwer, das Gegenüber wirklich zu sehen. Männer und Frauen ticken in vielen Bereichen recht unterschiedlich. Die Gründe dafür werden von Verhaltensforschern in der Biologie, Biochemie und Soziologie gesucht, und jeder hat verschiedene gute Argumente. Auch hier gilt: Es gibt nicht »den Mann« oder »die Frau«, sondern Tendenzen und Ideen, die sich als nützlich für viele Menschen erwiesen haben. Verwende das, was dir nützt, und lass alles andere beiseite.

Er will dich zur Ekstase bringen und dadurch die Beziehung sichern

Für viele Männer sind Beziehungen ganz einfach: Wenn die Frau mit ihnen sexuell glücklich ist, dann wird sie dableiben, und sie selbst sind ein toller Hecht. Sie wünschen sich daher nichts sehnlicher, als die Frau im Bett glücklich zu machen. Die Freude der Frau ist für viele Männer wichtiger als der eigene Orgasmus. Das ist auch ein Grund, warum so viele Frauen Orgasmen vorspielen: Sie wollen dem Mann bestätigen, dass er toll ist.

Erst wenn der Mann keine Chance sieht, die Frau glücklich zu machen, gibt er auf und denkt nur noch an seinen Spaß.

Selbst Prostituierte sollen den Männern regelmäßig vorspielen, dass es ihnen superviel Spaß macht, obwohl die Männer zugleich wissen, dass sie für ein Schauspiel bezahlen und die Frau ihnen in den meisten Fällen nur etwas vormacht.

Die negative Seite davon ist, dass dieser Wunsch dich als Frau sehr unter Druck setzen kann. Vermutlich spürst du, dass es nicht egal ist, ob es dir ein kleines bisschen Spaß macht oder ob du gerade den Sex deines Lebens hast. Und je stärker der Mann auf das Ziel zusteuert, desto mehr entfernt es sich für viele Frauen. Dabei ahnen sie meist gar nicht, wie viel Leistungsdruck Männer sich machen. Und absichtslos zu bleiben ist für viele Männer eine weitere echte Herausforderung!

Ein kleiner Trick kann sein, sich absichtlich zum schlechten Sex zu verabreden – das entspannt beide. Auf einer etwas ernsthafteren Ebene ist es gut, immer wieder auf Entspannung beim Sex zu achten. Auch wenn du weißt, wie gern der Mann gut sein möchte, und das respektierst, wird er das allein durch deine innere Haltung spüren. Wenn du zudem positives Feedback gibst, wo du es ehrlich meinst, tust du viel für deine Beziehung!

Er will dein Held sein: Thema Messen/Konkurrenz

Ein weiterer Punkt, der Männer und Frauen unterscheidet, scheint zu sein, dass Männer sich ständig und in allen möglichen Punkten messen und miteinander vergleichen. Und zwar meistens nicht mit der Frau, sondern mit anderen Männern, zum Beispiel auch mit den Exfreunden der Frau. In der Evolution mag das vielleicht sinnvoll gewesen sein, doch in der Partnerschaft kann es ganz schön anstrengend werden. Ein von dir leicht dahingesagtes Lob eines Expartners stellt für ihn vielleicht einen Angriff auf sein Ego dar.

Dein Partner möchte gern dein Held sein, und dafür vergleicht er sich mit anderen. Kritik trifft ihn daher viel tiefer, als sie vielleicht gemeint ist. Das Positive daran ist, dass er sich mit genau demselben Enthusiasmus engagiert, um eben dein Held zu sein, in welchem Bereich auch immer!

Wie kann er bei dir Punkte sammeln?

Wie kann dein Partner also Held bei dir sein, wo kann er Punkte sammeln? Dafür braucht er zwei Dinge: unerfüllte Wünsche von dir als Hinweise auf einen Bereich, wo er Held sein kann, und deine Rückmeldung, wenn er es geschafft hat. Viele Frauen sagen, das klinge ihnen etwas zu sehr nach Kindergarten, und aus der Perspektive der Frau kann das wirklich so aussehen – aber nur, wenn du als Frau dieses Bedürfnis nicht ernst nimmst und dementsprechend »lächerliche« Wünsche von dir gibst; oder wenn du sehr vage bist und der Mann damit nicht erfolgreich sein kann (»Mach mich glücklich!«). Oder du bist zu konkret und gibst ihm einen Einkaufszettel und keinen Freiraum, und er fühlt sich wie ein Trottel.

Über dieses Thema ließe sich sehr viel schreiben, und später werde ich noch einmal erläutern, wie du das Wünschen üben kannst. Hier zurück zu eurem gemeinsamen G-Punkt-Sex:

So geht's: Wünsch dir was!

- Du kannst ihn zum Beispiel bitten, einen Raum so vorzubereiten, dass du eine richtig gute G-Punkt-Session haben kannst, und ihm folgende Wünsche mit auf den Weg geben: ein passendes Gleitmittel, mindestens zwei dicke Handtücher, gedimmtes Licht, warmer Raum, sichtgeschützt und akustisch abgeschirmt.

Die letzten drei Punkte sind vielleicht für ihn als Mann weniger wichtig, da er sich nicht so leicht ablenken lässt, aber wenn er weiß, dass er dir damit Entspannung und Hingabe ermöglicht, wird er auch diese Punkte gerne berücksichtigen.

Noch eine Warnung: Benutze dein Wissen, dass er gerne dein Held sein möchte, nicht gegen ihn, und mache dich nicht darüber lustig, indem du ihn als Laufburschen benutzt! Das ruiniert deine Beziehung, weil du dann den Respekt vor ihm verlierst und er das schnell bemerkt. Schenke ihm reichlich Anerkennung für die Dinge, die er getan hat, um deine Wünsche zu erfüllen, und er wird es gerne wieder tun.

Die Kunst der Rückmeldung

Anerkennung schenken – wie geht denn das genau? Es bedeutet, dass du präzise Rückmeldung darüber gibst, was du erhalten hast und wie es dir damit geht, dass dir dieser Wunsch erfüllt wurde. Das mag jetzt ein wenig kompliziert klingen, doch in der Praxis kann es ganz einfach aussehen, zum Beispiel in Bezug auf die Wünsche für eine G-Punkt-Session im letzten Abschnitt: »Wow, hier fühle ich mich wohl, ich kann mich entspannen, und du hast für alles gesorgt.«

Egal, wie gering es scheinbar ist, womit dein Partner sich bemüht, dein Held zu sein: Er wird sich freuen, wenn du es bemerkst und ihm das sagst! Wir leben in einer Kultur, in der eher zu wenig als zu viel Dankbarkeit gepflegt wird, und ein Lächeln mit einem Kompliment kostet nichts, bringt jedoch viel Freude und stärkt eure Verbindung!

Ein wichtiger Punkt dabei: Du hast es in der Hand zu benennen, was dir wirklich Freude bereitet hat, und nicht das, wofür du denkst, dich bedanken zu müssen! Über dein Feedback steuerst du, wovon du mehr bekommst. Ehrlichkeit lohnt sich also, jedoch genauso Feingefühl und Achtung.

Falls einmal das Ergebnis nicht so gelungen ist, aber viel Aufwand dahintersteckt, kannst du beides in einer positiven Formulierung zusammenbringen: »Danke, du hast dran gedacht, für uns ein paar Snacks zu kaufen, und ich freue mich, dass du gut für uns sorgen wolltest. Ich mag die Erdbeeren, ich bin jedoch gegen Nüsse allergisch und kann die Schokolade leider nicht essen. Soll ich dir aufschreiben, wogegen ich allergisch bin?«

Das männliche Ego ist empfindlich

Es scheint für viele Frauen ein Paradox zu sein: Männer machen auf Macho und harter Kerl, doch ihr Ego ist offenbar viel empfindlicher als das vieler Frauen. Auch da lohnt es sich, Männer nicht als behaarte Frauen zu sehen, sondern ihre spezifische Eigenart zu erforschen. Du hast ja gerade gelesen, wie wichtig es für einen Mann ist, zu punkten und gut dazustehen. Sein Ego definiert sich oft ganz stark darüber, ob er die Menschen, die ihm wichtig sind, glücklich machen kann, sei es nun der Boss oder die Partnerin. Manchmal sind Bosse leider einfacher glücklich zu machen ...

Du denkst vielleicht: Meine Kritik sollte ihn doch unterstützen, noch besser zu werden, oder ihn auf wichtige Fehler hinweisen. Bei ihm kommt jedoch an: »Du hast versagt.« Im nächsten Abschnitt erfährst du mehr zum Thema Rückmeldungen.

Im Tantrischen gibt es ebenfalls eine Erklärung dafür, dass Männer empfindlicher sind, was Emotionen angeht. Erinnerst du dich? Männer haben den Pluspol in den Genitalien, Frauen im Herz. Männer tun sich also leicht damit, Sexualität auszudrücken; Frauen finden es einfach, Gefühle auszudrücken. Und umgekehrt? Frauen brauchen einen viel sichereren Raum und Vertrauen, um sich sexuell zu öffnen – und bei Männern ist es so, wenn es um Gefühle geht.

Sie sind körperlich vielleicht robust und klopfen Sprüche, doch was die Gefühle angeht, sind sie empfindlicher als Frauen. Und genauso, wie Frauen sich verschließen, wenn sie sich immer wieder sexuell bedrängt fühlen, werden Männer gefühlsmäßig taub und geben die Hoffnung auf, wenn sie oft verletzt werden.

Finde im Folgenden heraus, wie ihr positiver miteinander kommunizieren könnt und dadurch beide immer öfter bekommt, was ihr euch wünscht.

Wie du mit ihm gut kommunizieren kannst

Gute Kommunikation mit dem Partner verbessert den Sex ganz erheblich! Aber Sexualität ist ein besonderes Feld, wenn es um Kommunikation geht. Es gibt viele Dinge, die deine Fähigkeit beeinflussen, dich klar mitzuteilen:

- eigene Scham und das Gefühl von Peinlichkeit,
- manchmal fehlen dir vielleicht schlicht die Worte,
- du hast nur ein vages Gefühl, wie es sich anfühlen soll,
- du willst eine romantische oder knisternde Situation nicht zerreden,
- du willst den anderen nicht verletzen,
- nonverbales Feedback ist schwerer zu entschlüsseln.

Die folgenden Tipps helfen euch, leichter miteinander zu kommunizieren, gerade auch auf Basis das letzten Kapitels.

Noch ein Detail: Der Mythos, dass Männer weniger reden, ist weit verbreitet, jedoch nicht wahr (siehe www.forschung-erleben.uni-mannheim.de/node/22). Sie reden über anderes, und der Unterschied liegt eher darin, dass manche Vielredner sind und andere grundsätzlich sehr wenig reden. Männer haben tatsächlich ein geringeres Interesse an

Mode, (Promi-)Tratsch und Kindern; sie sind jedoch oft ganz Ohr, wenn es um sie selbst oder um Sex geht. Also keine Sorge, dass aus ihm kein Wort herauszubekommen ist.

Davor und dabei – die verschiedenen Zeitpunkte

Wie wichtig Kommunikation ist, hat das Buch vermutlich schon deutlich gemacht. Hier möchte ich noch einmal besonders darauf hinweisen, dass der Zeitpunkt der Kommunikation auch einen großen Unterschied macht. Wenn du einen Wunsch hast, dir zum Beispiel eine G-Punkt-Session wünschst, dann ist es gut, den Wunsch nicht erst in letzter Minute zu äußern. Vielleicht hat dein Partner da schon ganz andere Vorstellungen, und es ist schwer für ihn, sich umzustellen.

Auch Rückmeldungen und Gedanken zu deiner letzten Erfahrung kannst du besser außerhalb des Bettes mitteilen, als wenn ihr gerade beim Sex seid.

Nörgeln hilft nie

Eine Grundregel der Kommunikation ist: Nörgeln hilft nie. Sich zu beschweren und das, was schlecht läuft, immer wieder zu bemängeln, nützt nichts. Es schafft vielleicht kurzfristig eine Erleichterung, weil dein Unmut raus ist, aber die Wahrscheinlichkeit, das zu bekommen, was du dir wünschst, liegt bei einem Prozent. Und dieses eine Prozent ist nicht deiner inhaltlich wichtigen Kritik geschuldet, sondern dem guten Willen deines Gegenübers. Warum bleiben dann so viele Frauen beim Nörgeln?

Oft steckt dahinter eine Schüchternheit. Sie sind zu schüchtern, um sich wirklich etwas für sich zu wünschen! Der Partner soll das am besten von allein herausfinden. Und wenn er das nicht tut, ist die Enttäuschung groß. Kannst du dir vorstellen, wie schwer das Leben eines Mannes ist, der gerne der Held wäre, jedoch das Gefühl hat, seine Partnerin teilt ihre Wünsche nur auf Chinesisch oder in einer noch schwierigeren Fremdsprache mit? So ungefähr fühlt es sich anscheinend oft für Männer an.

Nörgeln macht jedoch nicht nur Männer hilflos, es fühlt sich auch für dich als Frau schlecht an: Dein Fokus liegt auf dem, was nicht funktioniert, und so fühlst du dich dann auch.

Aufzuhören zu nörgeln bedeutet nicht, dass du die perfekte Lösung im Ärmel haben musst. Es bedeutet nur, den Fokus auf ein gutes Gefühl umzulenken und die Richtung damit vorzugeben. Die Veränderung kann sich dann entwickeln.

Lust oder Forschen?

Du triffst eine der wichtigsten Entscheidungen darüber, was du beim G-Punkt-Sex erleben willst, schon vor dem Sex: ob es dir eher ums Forschen geht oder darum, möglichst viel Lust zu erleben. Beim Forschen redet ihr mehr miteinander, es ist vermutlich achtsamer und langsamer, und du hast mehr Zeit, genau zu spüren, was sich wie anfühlt. Der Nachteil ist, das es vielleicht nicht ganz so lustvoll wird. Wenn du deinen Partner bittest, dir möglichst viel Lust zu bereiten, werdet ihr wahrscheinlich weniger reden, und du gibst mehr nonverbales Feedback.

Bedürfnisse klar äußern

So geht's: Mehr, weniger, anders

Hier kommt eine kleine und feine Übung zur Kommunikation. Es geht darum, eine ganz einfache und eindeutige Art des Feedbacks zu üben. Als Feedback-Gebende trainiert dich das darin, überhaupt Feedback zu geben – für viele Frauen ist das ein erster, wichtiger Schritt.

Diese Übung kannst du zum Beispiel bei einer Ganzkörpermassage mit deinem Partner machen.

- Deine Aufgabe als Empfangende ist dabei, in kurzen Abständen eines der drei Worte zu sagen: »mehr«, wenn du von dem, was du gerade erlebst, gern mehr hättest; »weniger«, wenn du von dem, was du gerade erlebst, lieber weniger hättest; und »anders«, wenn dein Partner etwas anderes probieren soll.
- Mach diese Übung beim ersten Mal ausschließlich mit diesen drei Worten. Später könnt ihr sie um andere Worte erweitern.
- Falls du nicht so gern dabei redest, könnt ihr Handzeichen vereinbaren, etwa: Ein O bedeutet: »Prima, mehr davon«, ein V: »Weniger«, und eine Faust: »Bitte etwas anderes machen.«

So geht's: Skala

- Ein weiterer wirksamer Trick, um Kommunikation einfach und eindeutig zu machen, ist die Verwendung von Skalen.

  Zum Beispiel kann »Ich bin hungrig« auf einer Skala von 1 bis 10 bewertet werden: 10 bedeutet »Ich könnte einen ganzen Kuchen verdrücken«; 3 heißt »etwas Appetit«, kennzeichnet also ein Bedürfnis, das nicht ganz so dringend ist. Wenn ihr unterschiedliche Bedürfnisse habt, ist es so leichter, zu verhandeln und herauszufinden, wie wichtig das Bedürfnis ist.

Selbst wünschen, nicht raten lassen

Viele denken, dass es ganz einfach sei, Wünsche zu äußern. Doch ganz konkret nach Wünschen gefragt fällt es vielen Menschen schwer, einen Wunsch zu äußern. Gerade in Deutschland gilt Bescheidenheit als eine Tugend, und so steht dem Wunsch die Scham gegenüber, etwas haben zu wollen – womöglich noch etwas, wofür sich der andere anstrengen muss! Gerade Frauen geben sich daher oft mit Brotkrumen, die nebenbei abfallen, zufrieden, nicht nur beim Sex, sondern auch im Leben.

Wer noch nie geübt hat, Wünsche zu äußern, ist oft nicht besonders gut darin. Klar, »Weltfrieden« ist ein einfacher Wunsch: kaum konkret und keinesfalls umsetzbar. »Schokolade« ist schon etwas erfüllbarer, doch für einen Mann fast genauso tricky: Wie viel? (Eine ganze Tafel könnte das Signal senden: »Du kannst dich nicht zügeln.« Oder: »Deine Diät ist mir egal.«) Welche Sorte? Womöglich hat er deine Lieblingssorte vergessen, obwohl du sie schon oft vor seiner Nase gegessen hast. Männer achten auf andere Details als Frauen: Sie wissen vielleicht, wie viel PS das vorbeifahrende Auto hat (ein Klischee, jaja), aber sie kennen deine Kleidergröße nicht. Statt es persönlich zu nehmen, mach es dir und ihm einfach: Sag, was du möchtest, wie und wann.

Und wenn du zu den glücklichen Auserwählten gehörst, deren Partner sich deine Kleidergröße inklusive Körbchengröße aufgeschrieben haben, deine Lieblingsfarbe und -eissorte kennen, umso besser: Nutze diese Qualitäten und gib ihm die Chance, Punkte bei dir zu machen!

Etwas Wichtiges, bevor ich dir eine kleine Übung zum Wünscheäußern vorschlage: Wünsche sind keine Forderungen. Wenn du bemerkst, dass ein Nein keine gültige Antwort in deinen Augen wäre, dann hast du gerade eine Forderung geäußert und keinen Wunsch. Forderungen erreichen oft das Gegenteil von einem Wunsch: Dein Gegenüber verschließt sich und erfüllt deine Forderung, wenn überhaupt, nur widerwillig. Achte also auch auf deine Reaktion, wenn die Antwort ein Nein ist.

So geht's: Wünsche äußern

- Vereinbart eine Übungszeit miteinander.
- Beginne mit ganz kleinen Wünschen wie: »Würdest du mir bitte ein Glas Wasser einschenken?« Beobachte, wie es sich anfühlt, wenn es geschieht, und ob du spürst, mit welcher Haltung der Wunsch erfüllt wird. Ist es eine Last für ihn? Hat er Freude dabei?
- Nimm eine Reihe ganz kleiner Wünsche, übe jedoch dabei, genau zu sein. »Würdest du meine linke Hand halten? Am liebsten mit ein wenig Druck, aber nicht so, dass es wehtut.« Gib ihm Feedback, wie es dir dabei geht (gleich mehr dazu).
  Übe mit kleinen Wünschen, die dir leichtfallen, und taste dich dann an die größeren oder wichtigen Wünsche heran.
  Ich erlebe immer wieder, wie gerne Männer Frauen Wünsche erfüllen. Auch du wirst vielleicht überrascht sein, dass dein Wunsch für den Mann keine Belastung ist, sondern ein Geschenk. Ein Geschenk, weil er dich genauer kennenlernen darf und dich glücklich machen kann!

Positives Feedback

Genauso wichtig, wie Wünsche zu äußern, ist es, Feedback zu geben. Und zwar im Idealfall positives: Verstärke, was gut funktioniert, und äußere Wünsche zu dem, was noch besser sein könnte. Äußere nur im Notfall ein negatives Feedback.

Genauso wie bei Wünschen darf es gerne detailliert sein – so fühlt sich dein Partner gesehen und gewürdigt. Und: Es gibt nicht zu viel Lob und Anerkennung! Eher im Gegenteil: Die Kommunikation wird reicher und bunter, wenn ihr beide immer wieder ausdrückt, was euch gefällt und wofür ihr dankbar seid.

Es gibt übrigens einen eigenen wissenschaftlichen Zweig in der Psychologie, der sich mit dem Thema Dankbarkeit beschäftigt und mit den Folgen, die es hat, wenn wir uns immer wieder auf das Positive konzentrieren.

Das soll nicht heißen, dass das, was nicht so gut läuft, ignoriert oder nicht mehr benannt werden darf. Doch in einem Kontext, in dem ihr gut miteinander verbunden seid und eure gegenseitige Wertschätzung ausdrückt, ist es einfacher, auch schwierige Themen anzusprechen (und zu lösen!). Und sie nehmen dann einen angemessenen Platz ein, statt alles zu dominieren.

Scham, Angst und Ahnungslosigkeit äußern

»Das ist ja alles schön und gut«, sagst du vielleicht, »doch manchmal hab ich keine Ahnung, was ich mir wünsche, und nur ein vages Gefühl, wie ich etwas finde.« Das ist total normal. Und das Zaubermittel heißt weiterhin Kommunikation: Sag einfach kurz, dass du gerade einfach keine Ahnung hast, nicht weiterweißt oder ratlos bist.

Das Gefühl von Scham oder Angst ist auch so ein Fall. Es ist völlig normal, sich zu schämen oder ab und zu Angst zu haben. Doch soll es dich vom Leben abhalten? Nein, beides sind Gefühle, die wichtige Hinweise enthalten können, die sich aber oft in Luft auflösen, sobald du sie aussprichst.

Kommunikation per Atem, Bewegung und Geräusch

Ein Vorschlag zur nonverbalen Kommunikation stammt von David Deida (Buchtipp im Anhang). Er ermutigt Frauen dazu, ihr Feedback zu verstärken. Warum? So kann die Frau ihre Gefühle selber intensiver fühlen, und für den Mann wird es klarer. Nicht nur Frauen rätseln regelmäßig, was im Mann vorgeht; auch Männer finden Frauen verwirrend, weil sie deren Signale nicht deuten können. Nicht zuletzt macht es Spaß, und ein intensiv ausgedrücktes Gefühl hat zwei positive Eigenschaften: Wenn es positiv ist, steckt es den anderen an; wenn es negativ ist, ist es schon fast verflogen. Das funktioniert allerdings nur, wenn du wirklich nur *dein Gefühl ausdrückst,* aber nicht, wenn du nebenbei den Partner beschuldigst oder andere Menschen.

Weitergehende Übungen

Wenn du mehr über Wünscheausdrücken und Kommunikation lernen möchtest, empfehle ich dir Bücher und Workshops aus der Richtung »Gewaltfreie Kommunikation«. Auch das Buch »Erotische Zwiegespräche« von Lukas Möller gibt wertvolle Hinweise zu Kommunikation über sich selbst in der Partnerschaft.

Die Workshop-Reihe des »Human Awareness Institute«, kurz HAI, halte ich ebenfalls für eine geniale Möglichkeit, authentische Kommunikation zu üben.

Wer auch eine spirituelle Komponente dabei mag, kann die Transparente Kommunikation mit Thomas Hübl ausprobieren, zu der es Übungsgruppen in ganz Deutschland gibt.

Was wirklich glücklich macht

Im letzten Kapitel hast du viel über Kommunikation gelernt und wie du sie gestalten kannst. Davor hast du einen Einblick in die männliche Psyche bekommen und erfahren, wie du deine Wünsche besser mitteilen kannst. All das soll dir helfen, eine erfüllte und glückliche Beziehung zu führen – und der G-Punkt kann darin einen wunderbaren Platz haben. Doch umgekehrt ist das Glück in deiner Beziehung nicht nur abhängig von gelungener Kommunikation oder gutem Sex.

Darauf, was eine Beziehung glücklich macht, hast du vielleicht schon viele verschiedene, vordergründige Antworten gehört: gemeinsame Interessen, guter Sex, gute Lebensumstände, tolle Unternehmungen. Doch wenn du genauer hinschaust, findest du immer auch strahlende Paare, die genau das Gegenteil zu beweisen scheinen: Sie sind unterschiedlich wie Tag und Nacht, sie haben vielleicht körperliche Einschränkungen, die Sex unmöglich machen, und ihr Leben ist alles andere als ideal.

Was könnte also auf einer übergeordneten Ebene noch wichtiger sein? Die Antwort darauf ist ebenso verblüffend wie einfach: Paare sind glücklich, wenn sie sich einander nah fühlen, alles andere ist zweitrangig. Ohne diese Nähe jedoch führen die schönsten Lebensumstände nicht zu einer glücklichen Beziehung.

Mit dieser Nähe verändert sich der Blickwickel entscheidend: Alle Probleme, die vielleicht vorher dem Partner angelastet wurden, werden zu Herausforderungen, die man als Team meistert; unangenehme Umstände werden unwichtiger und als weniger belastend erlebt, schließlich hat man ja das Wichtigste bereits: gemeinsames Glück. Nähe bewirkt, dass Paare entspannter sind und die positiven Seiten aneinander sehen, sie blicken optimistischer in die Zukunft und genießen den Moment mehr. Das alles sind beste Voraussetzungen für neue sexuelle Erfahrungen.

Wenn Nähe so wichtig ist, was können Paare dafür tun?

Auch hier ist die Antwort unerwartet einfach: Nähe entsteht von allein, wenn du Zeit mit einem Menschen verbringst, bei dem du dich wohlfühlst – und das ist ja höchstwahrscheinlich mit deinem Partner der Fall. Nähe braucht nichts Besonderes, keine spezielle Kommunikation, keine besonderen Worte oder großartigen gemeinsamen Unternehmungen. Nähe entsteht einfach, wenn ihr beide miteinander Zeit verbringt und dabei auch wirklich mit eurer Aufmerksamkeit im Moment seid – nicht bei der Arbeit von morgen, beim nächsten sportlichen Highlight oder bei der Shoppingliste. Eine schöne gemeinsame Unternehmung kann das fördern, ihr könnt jedoch auch ganz banale Dinge gemeinsam machen, zum Beispiel etwas kochen, den Keller aufräumen oder den Rasenmäher reparieren, solange ihr es gemeinsam tut. Achtet natürlich darauf, dass es beiden zumindest ein bisschen gefällt. Ist es für einen von euch nur ein geduldiges Ertragen, stellt sich vermutlich nicht so viel Nähe ein.

Nähe ist auch in schwierigen Situationen besonders wichtig, wenn es zum Beispiel eine Krise gibt oder sich ein Streit ankündigt: Es geht immer zuerst darum, wieder Nähe herzustellen, und erst dann um Inhalte! Scheinbare Unterschiede, egal, wie groß sie sein mögen, lassen sich überbrücken, wenn ihr gemeinsam an der Lösung arbeitet und den anderen als Verbündeten, nicht als Gegner seht.

Beobachte einmal, welche positiven Effekte Nähe hat und um wie viel leichter das Leben wird, wenn ihr Probleme als gemeinsame Aufgaben seht. Du wirst in Zukunft die Zeit mit deinem Partner unter einem ganz anderen Vorzeichen wahrnehmen!

Speziell für dein G-Punkt-Abenteuer ist wichtig: Achte immer zuerst auf Nähe und darauf, dass ihr euch miteinander wohlfühlt. Herz ist wichtiger als Technik!

● Schlusswort

Du bist am Ende dieses Buches voller Informationen rund um den G-Punkt und die weibliche Ejakulation angelangt. Ich hoffe, dass es dir eine Quelle vielfältiger Inspiration und zahlreicher guter Tipps war.

Außerdem gratuliere ich dir ganz ausdrücklich zu deiner Neugier und deinem Durchhaltevermögen!

Doch grau ist alle Theorie – das pralle Leben ruft! Viel Spaß also bei der Umsetzung deines neuen Wissens in die Praxis!

Ich wünsche dir eine gute Reise beim Forschen, dazu Lust und Knistern in Massen und jede Menge Gelegenheiten, dein Wissen auszuprobieren!

Deine Yella

● Wie hat dir das Buch gefallen?

Gab es Aha-Momente? Hat es an einer bestimmten Stelle bei dir Klick gemacht?

Schreib mir direkt an: yella@lovebase.com

Vielen Dank!

● Anhang

Bücher, DVDs und mehr

Liste aller Bücher, die im Laufe des Textes erwähnt wurden

Adams, Frannie: *Pussy Portraits;* Edition Reuss 2009

Berger, Daniel: *Die versteckte Lust der Frauen;* Albrecht Knaus Verlag 2014

Cremer, Yella: Pussy Yoga mit dem Yoni-Ei. Beckenbodentraining mit Spaß. Innere Yonimassage durch das Jade-Ei; DIN-A4-Blatt, zweiseitig, laminiert; LoveBase Media 2016

Deida, David: Der Weg des wahren Mannes. Ein Leitfaden für Meisterschaft in Beziehungen, Beruf und Sexualität; J. Kamphausen 2006

Galen: *Opera omnia.* In: Kühn, C. G. (Hrsg.): Medicorum Graecorum Opera quae exstant. Leipzig: Cnobloch 1821–1833: Band 14, Kap. ll: 189. Überstzg. zit. n. Stifter, K. F. 1988: 40 f.

Graaf, Regnier de: *New Treatise Concerning the Generative Organs of Women;* Erstveröffentlichung 1672, Nachdruck in: Journal of Reproduction and Fertility (1972), Suppl. 17, S. 103–104, 106–107

Gräfenberg, Ernst: *The Role of Urethra in Female Orgasm;* in: The International Journal of Sexology 3 (1950), S. 146

Greer, Germaine: *Der weibliche Eunuch;* dtv 2000

Kahn Ladas, Alice/Whipple, Beverly/Perry, John D.: *Der G-Punkt – das stärkste erotische Zentrum der Frauen;* Heyne Verlag 1982

Kinsey, Alfred Charles: *Das sexuelle Verhalten der Frau;* Fischer Verlag 1953

Lloyd, Elisabeth A.: The Case of the Female Orgasm: Bias in the Science of Evolution; Harvard University Press 2006.

Masters, William H./Johnson, Virginia: *Die sexuelle Reaktion;* Rowohlt Verlag 1993 (Boston 1960)

Méritt, Laura: *Frauenkörper neu gesehen. Ein illustriertes Handbuch;* Orlanda Frauenverlag 2012

Möller, Michael Lukas: *Worte der Liebe. Erotische Zwiegespräche – Ein Elixier für Paare;* Rowohlt Taschenbuch Verlag 1998

Nieden, Sabine zur: *Weibliche Ejakulation;* Psychosozial Verlag 2004

Riedl, Michaela: *Yoni Massage. Entdecke die Quellen weiblicher Liebeslust;* Hans-Nietsch-Verlag 2006

Riedl, Michaela / Becker, Klaus Jürgen: *Lingam Massage. Die Kraft männlicher Sexualität neu erleben;* Hans-Nietsch-Verlag 2008

Salama, Samuel / Boitrelle, Florence / Gauquelin, Amélie et al.: *Nature and Origin of »Squirting« in Female Sexuality;* in: The Journal of Sexual Medicine (epub 24. Dezember 2014)

Scholz, Grit: *Das Tor ins Leben;* Lebensgut 2007

Singer, Irving/ Singer, Josephine: *Types of female orgasm;* in: The Journal of Sex Research (November 1972), Bd. 8, Nr. 4, S. 255–267

Sundahl, Deborah: *Weibliche Ejakulation und der G-Punkt;* Hans-Nietsch-Verlag 2006

Wimpissinger, Florian / Tscherney, Robert / Stackl, Walter: *Magnetic Resonance Imaging of Female Prostate Pathology;* in: The Journal of Sexual Medicine (Juni 2009), Bd. 6, Nr. 6, S. 1704–1711

Zaviačič, Milan: *The Human Female Prostate. From Vestigial Skene's Paraurethral Glands and Ducts to Woman's Functional Prostate;* Slovak Academic Press, Bratislava 1999

Kurzanleitungen von Yella Cremer

Praktische Schnellübersichten und Spickzettel (DIN A4, zweiseitig, laminiert), LoveBase Media 2016:

- *G-Punkt-Massage: 23 Massagetechniken für mehr Genuss beim Sex*
- *Weibliche Ejakulation: Jede Frau kann ejakulieren – allein oder zu zweit! Squirting bzw. Squirten durch G-Punkt-Stimulation*
- *Yoni-Massage: 23 Massagetechniken für die Tantramassage und mehr Genuss beim Sex*

- *Lingam-Massage: 23 Penismassagetechniken für die Tantramassage und mehr Genuss beim Sex*
- *Sanfte Klitorismassage – die orgasmische Meditation (OM): von »schneller und härter« zu »langsamer und verbundener«*
- *Pussy Yoga mit dem Yoni-Ei: Beckenbodentraining mit Spaß. Innere Yonimassage durch das Jade-Ei*
- *Analmassage für die Frau: Massagetechniken für die Tantramassage und mehr Genuss beim Sex. Ideal für die erotische Massage*
- *Anal- und Prostatamassage: Massagetechniken für die Tantramassage und mehr Genuss beim Sex. Ideal für die erotische Massage*

Weitere Empfehlungen

- Mehr Bücher- und DVD-Tipps sowie Kurzanleitungen, Videos und Blogartikel findest du unter www.lovebase.com
- Video zum Vibrator »Magic Wand«: www.lovebase.com/magicwand
- Seminare zum Thema »Kommunikation üben«: Human Awareness Institute (HAI): www.liebe-workshop.de; Thomas Hübl, Transparente Kommunikation: www.thomashuebl.com

Spezielle DVD-Tipps

Über den G-Punkt gibt es auch verschiedene DVDs. Die einzige auf Deutsch ist bisher:

- *»G-Punkt-Entdeckung. The Spirit of Yoni«* von Nhanga Christiane Grunow über die G-Punkt-Massage; Laura Media 2012
- Einen etwas ungewöhnlichen Ansatz stellt die DVD *»Kunyaza: Multiple Orgasmen und weibliche Ejakulation mit afrikanischer Liebeskunst«* von Pierre Roshan dar, die sich speziell mit der weiblichen Ejakulation und einer Klopftechnik mit dem Penis befasst.

Englische Videos können allen, die gerne Englisch hören, weitere Inspiration liefern:

- *»Tristan Taormino's Expert Guide to the G-Spot«* ist eine DVD mit vielen erotischen Szenen.

- Die verschiedenen Videos von Deborah Sundahl sind Zusammenschnitte aus unterschiedlichem Material, das unter anderem aus den Siebzigern stammt und damit auch eine Art Zeitreise ist, zum Beispiel: *»How to Female Ejaculate: Find Your G-spot«* und *»Tantric Journey to Female Ejaculation: Awaken Your G-spot«.*

Trage dich in die Mailingliste auf www.lovebase.com ein, um mehr über guten Sex und erfüllte Beziehungen zu erfahren und erhalte das G-Punktmassage eBook gratis!

Workshoptipps

- Tagesworkshops im Squirten :
  www.herrantasten.de
- Weibliche Quelle:
  www. weiblichequelle.de
- Onlinekurs von Yella zum G-Punkt und zur ganzheitlichen Sexualität :
  www.lovebase.com/sinnsucher
- Weitere Empfehlungen unter
  www.lovebase.com/yonimassage

Einkaufstipps

- Ich empfehle folgende qualitativ hochwertige und gut sortierte
  Online-Shops:
  www.fraublum.de
  www.sexclusivitaeten.de
  Weitere Empfehlungen unter
  www.lovebase.com/yonimassage

Yoni-Eier Anleitung, Kurs und Einkaufsquellen:
www.lovebase.com/pussyyoga

● Danke!

Ich danke meinen vielen verschiedenenen Lehrer*innen, die mir so viel über Sex und das Leben beigebracht haben. Meine Sehnsucht, das "da noch etwas geht" hat sich wieder und wieder erfüllt. Meinen Partnern, Geliebten und Liebhabern, mit denen ich das alles über viele Jahre ausprobieren konnte, gebührt nicht nur Dank sondern mit ihnen pflege ich wundervolle Erinnerungen.

Mein Team in der Tantramassagepraxis Ayella war mir 7 Jahre lang eine reiche Quelle an Austausch und Forschung. Ich danke Samuel für die Ermutigung, dieses Buch zu schreiben. Die Sehnsucht mit ihm zu Reisen hat mich dazu bewegt, Autorin zu werden.

Für die wunderbare Betreuung der zweiten Auflage meines Buchs bei arkana danke ich Anja Schmidt und für das liebevolle Lektorat und Layout Felicitas Holdau.

Olexiy Popenko hat das Layout der vierten Auflage mit geübter Hand erstellt und die Zusammenarbeit mit ihm war eine Freude.

G-Punkt-Massage: Kurzanleitung

Alle Griffe der G-Punkt-Massage übersichtlich auf zwei Seiten (DIN A4), mit verständlichen Zeichnungen illustriert, wasser- fest laminiert und abwischbar. Praktisch für den Nachttisch.

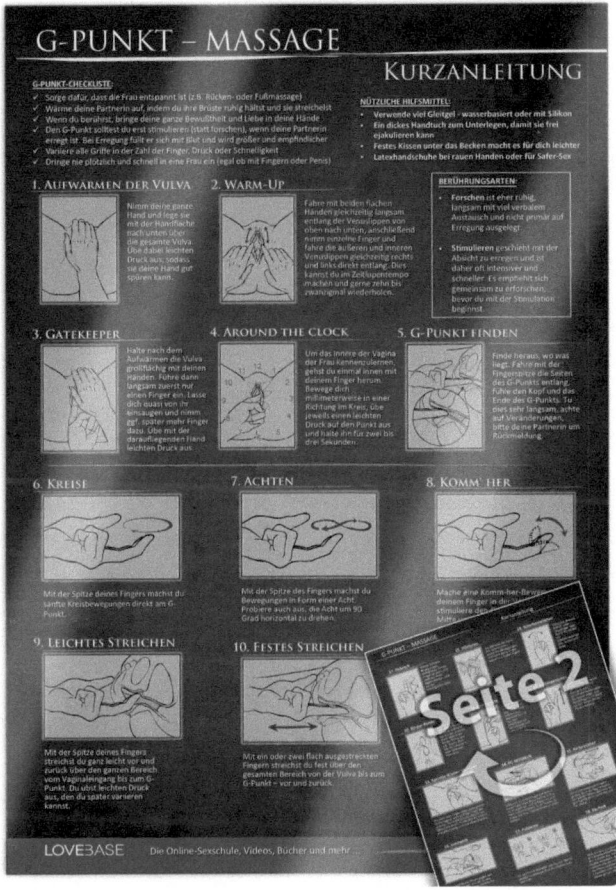

Die Kurzanleitungen erhältst du im Buchhandel oder vergünstigt auf der Website von Yella Cremer:

www.LoveBase.com

Kurzanleitungen für neugierige Paare

Lingam-Massage

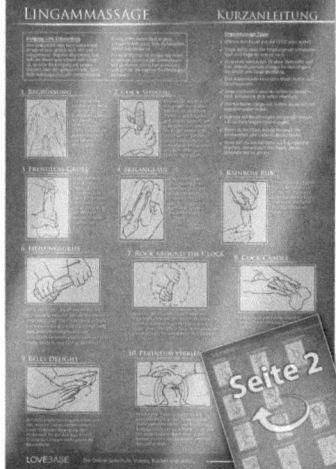

Yoni-Massage

Weibliche Ejakulation

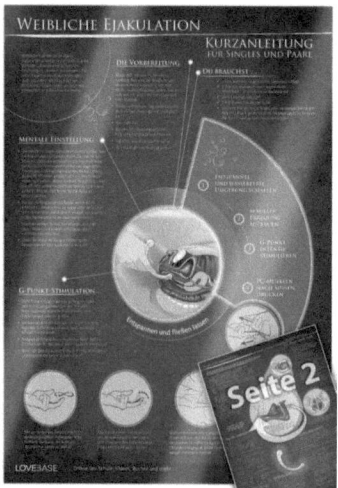

G-Punkt Massage

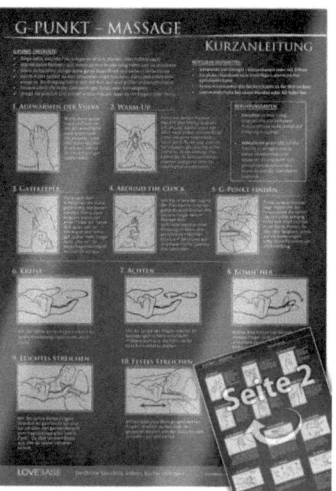

Bestellen auf www.Lovebase.com

Jede laminierte Karte (DIN A4) gibt dir eine übersichtliche und intuitiv verständliche Anleitung für eine besondere erotische Massage. Die Zeichnungen illustrieren jeden Griff. So könnt ihr sofort beginnen, ohne viel zu blättern.

Pussy-Yoga

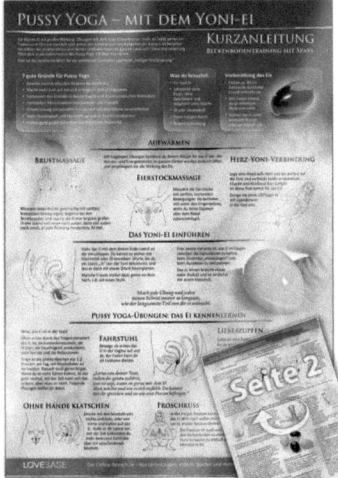

Prostata-Massage

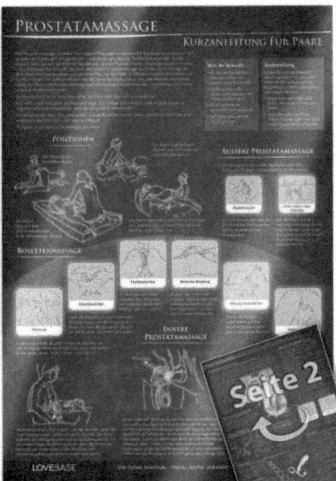

Sanfte Klitorismassage

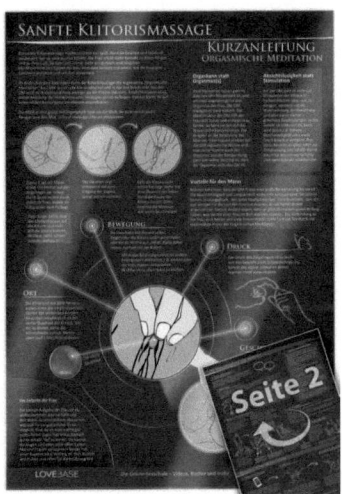

Analmassage für die Frau

Bestellen auf www.Lovebase.com

Yoni-Massage: Lust, Heilung und Intimität

von Yella Cremer

Besserer Sex? Heilsame Berührungen, die echte Intimität und neue Lust entstehen lassen? Yoni-Massage ist ein wundervoller Weg dorthin. Bei dieser Form der Genitalmassage steht die Frau im Mittelpunkt. Der Partner kann ihr mit liebevollem Abenteuergeist helfen, ihr erotisches Potenzial neu zu entdecken, alte körperliche und emotionale Wunden zu heilen, sich ihm tiefer hinzugeben und mehr Spaß am Sex zu haben als je zuvor. Die bekannte Sexpertin Yella Cremer weiß, was Frauen und Männer für ein wirklich erfüllendes Liebesleben brauchen.

Verlag: Arkana / Random House/LoveBase Media
Erschienen Oktober 2018/2024

Sie zeigt Schritt für Schritt den Ablauf und die einzelnen Techniken der Yoni-Massage, welche innere Haltung dabei wichtig ist und was es drumherum noch alles braucht, damit Paare sich lustvoll neu begegnen können.